课堂名人故事

科学家

毛晓青 主编

童涵冰 张琼 著

浙江摄影出版社
全国百佳图书出版单位

小读者档案

自画像

/我的名字/ ◎ /我的年龄/

/长大后，我要做一个/

与名人同行

爱迪生、居里夫人、达·芬奇、鲁迅、沈从文、茅以升……一看到这些镶嵌在教科书上的金光闪闪的名字，你也许会感叹一句：这些名人的成就是普通人无法企及的啊，我们只有仰望的份了。可这套“课堂名人故事”就是要告诉你，名人也是普通人，他们能做到的，我们也一定做得到！

这套“课堂名人故事”共有三册，分别是文学家卷、科学家卷和艺术家卷。四位年轻的作者苏翔、童涵冰、吕丹妮、张琼，将小学教科书上出现过的那些名人不为人知的另一面挖掘出来，用生动有趣的表达方式，将名人故事娓娓道来。

没错，这些名人小时候，和你我一样，也会偷懒，也会调皮捣蛋：大作家鲁迅小时候为了看庙会，才勉勉强强地去背古文；沈从文小时候因为逃学被母亲罚跪；生物学家童第周在宁波效实中学第一学期的期末平均成绩只有45分，差点儿要留级……可等他们确立了自己的人生目标之后，他们就爆发出了超乎常人的坚持不懈的毅力和战胜挫折的勇气：大发明家爱迪生做了一千六百多次实验，才找到了最适合做灯丝的材料；物理学家居里夫人发现了“镭”，自己也因为长期接触放射性物质而得了重病；京剧大师梅兰芳将《贵妃醉酒》中的一处细节改了又改；生物学家屠呦呦为检测新药的毒副作用，甘当“小白鼠”以身试毒；水稻专家袁隆平吃饭很快，来不及细细品味稻米的清香，就为了省下时间投入工作；双腿瘫痪、身患绝症的史铁生坐在轮椅上，写出了一篇篇催人奋进的美文……

如果说，成功有什么秘诀的话，那么这些名人身上超凡的坚韧与敢于自我牺牲的勇气，就是他们的“成功品质”。

“课堂名人故事”丛书选取了40位名人的100多则人生故事。在这一则则小故事中，那些高高在上的名人变得亲切起来。他们从教科书的殿堂里走下来，成为你我结识已久的好朋友。让我们鼓起勇气追随他们的脚步，与他们同行，实现我们自己的人生理想。

毛晓青

2022年2月

目录

◇ 国内篇 ◇

◇ 国外篇 ◇

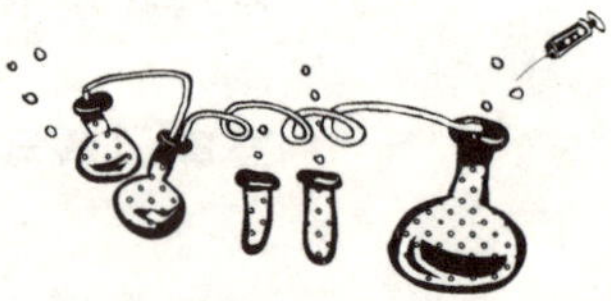

说明：本书前11篇作者为童涵冰，后3篇作者为张琼。

国内篇

沈括：

博物学家的赤子之心

凡所到之处，山林隐者，无不求访，及一药一术，皆至诚恳切而得知。

——沈括

人物档案

沈括(1031~1095),字存中,号梦溪丈人,钱塘县(今浙江省杭州市)人,北宋政治家、科学家。沈括出生于官宦世家,幼年时即随父游历各地,这段经历不仅丰富了他的阅历,更使他在徜徉大自然的过程中,培养了敏锐的洞察力和探索的无限热情。

嘉祐八年(1063),沈括进士及第并受到赏识,先后主持汴河疏浚工程,编校书籍,修造新历法等,直至元丰五年(1082),因永乐城之战受牵连而被贬谪。

晚年隐居润州(今江苏省镇江市)梦溪园中。对于科学研究,沈括倾注了毕生的热情与精力,他不仅利用人工磁化针,最早以实验的方式证明了磁偏角的存在(较哥伦布横渡大西洋时发现这一现象早了300余年),

还通过细致入微的观察，对小孔成像、凹面镜成像等原理，做出了准确而又生动的记录，更发现了振动频率对音调高低的影响。此外，他还在数学、化学、地理、艺术等领域展现出了非凡的天赋与能力。

这些成就均在他的著述中体现得淋漓尽致。除《景表议》《万春圩图记》《天下郡县图》等科学著作及该类作品中的代表《梦溪笔谈》外，据《宋史·艺文志》记载，沈括一生著述近四十种，包括文集《长兴集》《志怀录》，医药著作《良方》，乐理著作《乐论》《乐律》等。

他被英国著名科学家李约瑟称为“中国整部科学史上最卓越的人物”，而他的代表作《梦溪笔谈》则被李约瑟认为是“中国科学史上的里程碑”。

『发现大千世界』

沈括出生于官宦世家。他的父亲沈周老来得子，对这个孩子格外钟爱，即便仕宦期间辗转多地，也都将沈括带在身边。从泉州、潮州再到汴京，年幼的沈括受到了众多新鲜事物的冲击，在心灵中蔓生出对未知世界的无限渴望。最终，激发起他探索世界的强烈兴趣，也培养了他敏锐的观察力。

沈括的可贵之处，不仅仅在于他的科学发现与创造，更在于他以笔记的形式收录了自己一生的所见所闻所思。它们被永远留存在了《梦溪笔谈》的书页之中，一直留传至900多年后的今天。

《梦溪笔谈》是中国科技史上的重要著作。北宋的一些重大科技发明和科技人物，因《梦溪笔谈》的记载得以传世。

北宋时期的杭州，经济繁荣催动旺盛的文化需求，日益频繁的跨区域甚至跨国文化交流又刺激着印刷、出版行业的发展。在《梦溪笔谈》中，他详细记录了印刷术的发展过程，以及毕昇发明泥活字印刷对当时国人文化生活追求所产生的巨大影响。这是世界上最早的关于活字印刷的可靠史料。

在沈括的记载中，毕昇发明活字印刷术，大约是在宋仁宗庆历年间(1041~1048)。毕昇是一个生活在钱塘县的普通老百姓。他将汉字笔画以细而薄的标准，刻在胶泥之上并以火赋型，且每块胶泥只刻一字；同时，再准备一块铁板，铺满由松脂蜡及纸灰混合而成的灰泥。如此一来，印刷的第一步就算到位了。等到待印版面确认后，工匠即可依据每一页的内容，将烧制的活字铺陈在每个版面相应的位置上。然后将活字版烘烤加热。等到灰泥渐渐融化，再将另一块铁板覆盖上去，以此保证字版平整。

泥活字实现了对每个字灵活、便利的调度。用毕昇发明的方式刊印书籍，如果只印刷少量，还不能真正体现这种革新所带来的改变，但若印制数量可观，选用活字版印刷的优势相较于传统的雕版印刷，就相当明显了。

排字工一般会根据字韵来给每个字排序，而诸如“之”“也”等会在文中多次出现的汉字，则往往会有几十枚活字作为备用，取用十分便捷。即便是遇到生僻字也可随制随用，不必整版推翻重来。之后，活字印刷术并未就此止步。根据沈括的记载，后来又有人改进了这项技术，先后发明了锡活字、铜活字等，甚至将之传出国门，为世界印刷技术的革新注入了不竭的活力。

试想，若不是沈括的忠实记录，千年后的我们又如何能得知，在秀丽的钱塘江之畔，曾有一位勤敏而又智慧的年轻人，用火与泥土大大加快了人类文明的传播速度，扩大了文明传播的广度。

『颠覆权威』

熙宁四年(1071)，沈括凭借自己的实力，得到了宋神宗的青睐。在母亲丧期满后，他回京担任提举司天监公事，主管天文。

北宋时期，司天监隶属于中央，主要负责观测天象及以此为依据推算历书。在农耕社会里，这是一个十分重要的机构。此外，朝廷还在内廷设有翰林天文院，与司天监一起，主要负责夜观天象、记录数据。

当时，历法的推算方式大都以唐代开元年间的《大衍历》为权威。但实际上到了宋代熙宁年间，沿袭《大衍历》推算的时间相比实际，已经落后了五十多刻，约等于半天时间。

为了保证所录数据的准确性，朝廷是有所准备的。每天，天文院要将所得数据与司天监核对，以防错误或者做假。但经年累月，原本为防止做假的措施却变成了官员们想要偷懒而实现做假的渠道。这两个机构非但没有相互监督，还经常统一口径后再呈报数据。长此以往，就影响了历法推算的准确性，从而耽误了农事。

沈括上任后，随即展开了大刀阔斧的改革。他以揭穿天文院、司天监串通造假的行为为开端，先后罢免涉事官员，运用景表、浮漏等新发明观测天象，还积极邀请民间天文奇才卫朴加入修订新历法的工作中。沈括也果然没有看走眼，卫朴加入后，很快就发现了现行历法存在的问题及症结所在。

然而想要改变人们心里认定的事，沈括必须拿出充足的证据。向来精于天文、长于地理的他对此并不感到困难，只是还需要一些时间，让他的证据更加无懈可击。

为此，沈括与卫朴于每日早、晚、午夜三个时段观测月亮与行星的情况并作如实的记录。这项工作，他们足足坚持了三年。虽然长期受到非议，但沈括并没有动摇自己的看法。

熙宁八年(1075)，《奉元历》横空出世，一扫此前因袭旧历时笼罩在气象、农事活动之上的阴霾。沈括与其所举荐的卫朴也因任其职、尽其责而得到了朝廷的肯定与嘉奖。对毕生热爱的科学事业，沈括不仅探究深入，不盲目迷信权威，而且不拘小节、知人善任，使专业人士的专业所长得到了最有效的发挥，继而改变了相关领域停滞不前的状况。

『江河入海　赤子远途』

如何收复前朝割让给契丹的燕云十六州，一直是宋王朝统一全国过程中的一块心病。在经历了宋太祖、宋太宗两朝的征讨无果后，中原政权不得不逐渐放弃收复失地的想法，但围绕着如何划定国界线，宋辽两国之间始终摩擦不断。宋神宗熙宁七年(1074)，久久困扰着两国的边界之争，因为划定北三州边界的争议再次趋于白热化。

就在这时，宋神宗再次想起了那个兼具能力、远见与满怀赤诚的人——沈括，并正式任命沈括为辽使，针对边界划定问题，出使辽国。

沈括郑重而又坦然地接受了这一任务，但他的朋友们则为他的安危感到担忧。一来，领土争端悬置多年，绝非一朝一夕可以解决；二来，长期的冲突在双方心中积攒下了严重的对立情绪，谈判时必定不会顺利；此外，宋神宗为求取暂时的和平，谈判态度暧昧。如此一来，如何把握谈判的尺度，就成了摆在沈括面前的一道难题。而此次谈判的地点又选在辽国境内，一旦谈判破裂，后果不堪设想。

此行可谓凶多吉少，好友们一再劝沈括慎重决定，但这些困难都没能改变沈括以所学报国的决心。如果要说担心，他唯一担心的就是自己的能力学识无法胜任这一使命。为了使自己在谈判桌上更有底气，出发前，沈括查阅大量材料，针对两国争端的前因后果及争议焦点，进行了翔实的了解与梳理，还要求随行官员将自己整理的例证背熟，保证能在谈判时有理有据地驳斥对方的无理取闹。

不出所料，在谈判过程中沈括遭到了辽国大臣的激烈对抗。谈判经历了整整六轮鏖战，最激烈的时候竟出现了千人围观的盛况。面对咄咄逼人的辽国人，沈括早就有了应对之策。

谈判时，沈括从不主动提起疆界划分这件事，只拿出想要“重修旧好”的态度与对方周旋。只要对方耐不住性子先开口，他就可以把谈判的节奏全部握在自己手中。若是对方提出了无理要求，围观者也大喝倒彩，他也坚持原则，不为所动。

一则，他对自己准备的凭证充满信心；二则，他早已将生死置之度外。纵然辽国方面蛮不讲理，又以两国开战作为要挟的筹码，沈括也始终不紧不慢，摆事实、讲道理，以理服人、以礼待人。

辽人要以分水岭为界，沈括就以两国此前往来文书为凭证，驳斥对方的无理要求。对方对此凭证视而不见、胡搅蛮缠，认为曾有以分水岭为界的先例，沈括则反驳说，那不如四方都以分水岭为界，暗讽辽国路人皆知的野心。

沈括的法子果然奏效。面对摆在眼前的大量事实，辽国方面虽然坚持单凭文字记录并不能作数，但态度有了明显的松动。就这样，面对辽国的步步紧逼，沈括最终凭借自己在历史、地理学科方面的扎实积累及巧舌如簧，申明寸土不让，迫使辽国做出让步，暂时缓解了弥漫在两国之间的紧张气氛。

载誉归来的沈括得到了宋神宗的青睐，受到提拔，第二年成为翰林学士、三司使，总管国家财政。这也使沈括登上了自己政治生涯的巅峰。

聊聊梦想

我觉得沈括的梦想是________________________________

为了实现梦想,沈括做了什么?

____

我的梦想是____________________________________

为了实现梦想,我已经做了什么?

____

我还要做什么?

____

小链接：享誉世界的《梦溪笔谈》

《梦溪笔谈》是沈括撰写的一部有关古代中国（尤其是北宋时期）自然科学、社会现象及工艺制造的笔记体著作，共分《笔谈》《补笔谈》《续笔谈》三个部分，内容涵盖天文、数学、生物、物理、化学、农业、建筑、医药、艺术等众多门类，集录了作者平生所见所闻及所思所想，忠实地记录了自然现象、他人的科学贡献及其根据观测、实验所得的科学洞见。其中，自然科学知识占全书比重的五分之二，部分古代科技成就甚至可以“古为今用”，对今天的人们仍具有现实意义。此外，书中还不乏针砭时弊的内容，针对北宋时期军事、赋役、礼制等方面的弊端，做了翔实的记载。

《梦溪笔谈》成书于11世纪末，最早在19世纪中期传到日本，到了20世纪，更在英、法、德、美、意等国广泛传播，被认为是汇集中国前代科学成就的集大成之作，在世界科学、文化史上享有盛誉。

李时珍：

遍寻百草济众生

身如逆流船，心如铁石坚。

望父全儿志，至死不怕难。

——李时珍

人物档案

李时珍(1518~1593),字东璧,明代著名医药学家。出生于行医世家的他,从小立志继承家学。当时,行医者在民间的地位颇低,故而纵然身为名医,他父亲李言闻也希望他能够“弃医从文”,参加科举考试,求取功名。可他无心科举,又屡试落第,于是专心学医,渐渐医名远播。

嘉靖三十五年(1556),经举荐,李时珍被授予“太医院判”一职。其间,他阅读了大量医药典籍,又接触到了大量珍贵、稀有的药材,这为他编著《本草纲目》打下了很好的基础。

辞官回乡后,李时珍创立东壁堂,坐堂行医。其间,他发现了不少古代医书中的谬误,认识到这些谬误常常对治病救人有害无益。这促使他下定决心编纂一部更为严谨、丰富的本草书籍。之后，李时珍遍读万卷书，行万里路，脚步遍布武当、庐山、湖广等地，历时27年，于万历十八年（1590）完成了皇皇巨著——《本草纲目》。

万历二十一年（1593），李时珍去世。其著作《本草纲目》几经周折，于万历二十五年（1597）正式刊行。他也因为自己的仁心、医术和著述而被后世尊为“药圣”。

『身为医者的使命』

在中国古代灿烂的神话传说中，有一则叫作《神农尝百草》。相传三皇之一的神农氏，因为不忍人们误食毒果而死，决心尝百草、定药性，通过对症下药来缓解人们的痛苦。他于是遍尝百草，却因为误服断肠草而死。后来，人们为了纪念他，就将他奉为药神，并建造药王庙专门祭祀他。

古往今来，神农的精神感召着一代代中华儿女，追随他的脚步，悬壶济世，丹心奉大爱，妙手拯苍生。

有一天，正坐堂行医的李时珍被一位神色焦急的渔夫请到家中，诊治他重病的妻子。只见那妇人面如死灰，神志昏沉地躺在床上。经过一番询问，李时珍得知这妇人患病后，她丈夫曾为她请过一个大夫，谁知用药后情况反而比先前更糟糕了。李时珍见情况危急，就先以银针施治。银针透过皮肤缓慢刺入穴位，那妇人原本气息微弱，片刻后竟细细地呻吟起来，又突然“哇”的一声吐出一地秽物。渔夫起先吓了一跳，以为妻子的病情更严重了。谁知她的呼吸渐渐平稳，眼睛也不似先前那般浑浊了。见妇人情况暂时稳定，李时珍吩咐渔夫拿来之前那个大夫诊治时开出的药方,细细研究起来。

药方中有一味药——漏篮子。漏篮子别名“虎掌”,它味辛、性热,但无毒。光从方子来看似乎并无不妥。那么,究竟是什么加重了病情呢?

探究药方无果后,李时珍决定察看一下药渣。结果,他在药渣里发现了天南星叶子。这味药虽性温,却有毒,误服则有性命之忧。原来,天南星叶子和漏篮子的别名均为“虎掌”。药店老板该用漏篮子,却错抓了天南星叶子。

找到了问题的症结所在后,李时珍与渔夫一同来到药铺讨要说法。岂料药铺老板不但不承认错误,还对自己的本事十分自信。他告诉李时珍,自己熟读药书、烂熟药理,绝对不会出错,说着还取出一本旧医书来证明自己并没有瞎说。李时珍打开书,只见上面的确明明白白地写着:漏篮子就是虎掌。

李时珍的眉头紧紧地皱在了一起。事实上,无论是在他曾阅读过的古代医药论著中,还是在诊治病患的过程中,都遇到过不少类似的事情。比如说,有典籍记载“黄精即钩吻”“旋花即山姜”。可事实上黄精无毒,钩吻却有剧毒,旋花、山姜其实是截然不同的两种植物。又比如说,水银有毒。而在先前

地狱之门

的记载中，竟有水银无毒且久服可成仙的荒诞说法。可怕的是，诸如此类混淆药物性状的谬误并不在少数。

事实上，历代医书中屡屡出现错误并非偶然。书中的很多解释并没有经过深入的实地探究与证实，就作出结论，故而时常混淆药名、药理。日积月累的臆度与传抄，使得这一问题愈演愈烈。多次遭遇类似情况的李时珍感到，解决这一问题刻不容缓。

于是他打算修正这些错误，并增补新内容。要完成这个任务，需要付出不可估量的时间、金钱及精力。但这些都没有让李时珍害怕与退缩。他怀揣着宏大的志向与滚烫的赤诚，挥笔写下了自己的誓言：

身如逆流船，心如铁石坚。

望父全儿志，至死不怕难。

明世宗嘉靖三十一年（1552），时年35岁的李时珍开始着手编写《本草纲目》。嘉靖四十四年（1565），他开启了自己千山万水、寻觅万物真相及内心追索的漫长旅程。13年后，他终于完成了《本草纲目》初稿，时年60岁。

『真理遍布山川湖海』

李时珍的童年与大自然贴得很近。他出生在湖广黄州府蕲州（今湖北蕲春）。这是一个地形复杂、景色秀美、气候温和的地方。峻美的山川、深邃的峡谷、纵横的河流都是他儿时的乐园。在那里，他与日月星辰为友，与江河山川为伴，度过了无忧无虑的童年时光。

广阔的自然天地就是李时珍最好的课堂，也让他见识到了世界的丰富与多彩。在靠近大自然、发现大自然、了解大自然的过程中，他明白了一个道理：想要掌握事物的真相，必须无限地与之接近。在编修《本草纲目》的过程中，诸如此类的例子不胜枚举。

受父亲的启发，李时珍下定决心，要用自己的双脚去丈量山河，用自己的双眼去探寻世间万物的真相。于是，他背上药箱，踏上了遍寻名医、搜罗良方，探究药物及药理的旅程。除家乡蕲州外，他还曾涉足湖广江西、明朝直隶等地。

李时珍从小就奔跑于山野田间。他探访的对象也不只是名医，哪怕是农夫、猎人，只要在长期劳作的过程中积累了丰富的经验，并且熟悉当地的药物及其药性，那就都是他的“老师”，是他要寻访的“名医”。

芸苔是一味草药，在此前的医书中没有被详细记载过，但李时珍却从一位农人处得知，所谓芸苔，其实就是油菜。这个发现，后来被明确记载到了他的《本草纲目》之中。

蕲蛇是产自蕲州的一种白花蛇，制成药后具有治疗风痹、癣癞等疾病的功效。李时珍没有见过蕲蛇的庐山真面目。为了弄清楚蕲蛇的外貌与特性，李时珍特地向当地一位经验十分丰富的捕蛇人请教。捕蛇人告诉他，市场上常有商贩用假货冒充蕲蛇。因为抓捕蕲蛇难度非常大。它的尖牙有剧毒，若在猎捕过程中手或脚被它咬伤，片刻间就会有性命之忧。蕲蛇又非常少见，即便是在蕲州，也只有城北的龙峰山上才能觅得。

为了一探究竟，李时珍决定自己去龙峰山上走一遭。他邀请那位捕蛇人与他一同前往。

龙峰山植被丰茂，地势险峻异常，途中更是险象环生。但李时珍一心想要找到蕲蛇，完全没有把这些困难放在心上。终于，在一片荆棘丛生的灌木丛中，他们发现了蕲蛇的踪迹。

那是一条白花蛇。光凭它的样子，就能想象捕猎过程会是何等凶险。但三百六十行，行行出状元，捕蛇人自有独到的妙法，足以应对这丑陋的小家伙。只见他迅速抛出一把泥土，泥土纷纷扬扬地落在那白花蛇身上。蛇就像是中了魔咒一样，霎时间一动不动，缩成一团。捕蛇人见状，立即想出手擒住它，但转念一想，为防意外，就用木叉伸向那白花蛇，将它牢牢“钉”在原地。三寸被拿捏住后，那蛇便没了气势。捕蛇人这才从容地将之捕获。这时，李时珍终于可以仔细瞧一瞧它了。

这白花蛇的头形近似三角，嘴里是尖利的长牙，腹部长有可怕的暗纹，看来确实不太一般。等李时珍观察完毕，捕蛇人随即杀死了白花蛇。李时珍以为捕蛇人只是出于安全考虑，谁知却听捕蛇人说：“蕲蛇还有一个特别之处，那就是死后眼睛也会睁着，这和一般的白花蛇可不一样。”这时，李时珍才明白了捕蛇人的用意。

下山后，李时珍从那位捕蛇人手中买走了那条蕲蛇。经过一番更为深入的研究，他发现蕲蛇竟然还有祛风的功效，遂将其制成药酒，并将这一成果写入他的《白花蛇传》。

『捍卫真理的斗士』

纂写《本草纲目》的过程并不是一帆风顺。那时，执掌国家的君主朱厚熜并不满足于“君临天下”，还想永远地霸占自己所拥有的一切。于是，他疯狂地渴望得道成仙，希望得到传说中的“不死神药”。

为了投其所好，不仅各地方士兴起了炼丹制药之风。就连朝中臣子也为搜罗炼制丹药所需的名贵药材，而向百姓横征暴敛。一时间，民怨四起。

李时珍的故乡蕲州周边群山连绵，是方士、官员搜罗珍奇不能错过的好地方。李时珍的研究在日益恶劣的环境中艰难地维持着。但有一件事是他无论如何都不能容忍的。

方士炼丹的风气渐渐在民间散开，竟有不少百姓效法皇帝老儿，做起了长生不老的美梦，并开始服食丹药。还有大夫忘记了自己治病救人的本分，也将炼丹制药的话成天挂在嘴边，从而愈加助长了那些方士的气焰。

李时珍痛心之余更感到愤怒：“方士固不足道，本草岂可妄言哉？”要知道炼制丹药免不了要使用水银、丹砂、铅及锡之类的有毒物质，服用的后果可想而知。为此，李时珍常常与那些不务正业、沉迷炼丹的大夫展开激烈的争论，批驳他们有违行医之道，更蔑视他们将医理、药理抛至脑后的可笑行径。每每这种时候，那些人就会“引经据典”，强调自己的做法并非只是一厢情愿的空想，反倒讥讽李时珍少见多怪。

李时珍自小随父学医，又饱读医书，当然不会被这么几句话唬住。正所谓“名不正则言不顺”，他深知这些话无非是方士们为夸大自己的伎俩，胡诌的罢了。但服食丹药可长生不老的话一传十、十传百，越传越像真的。

为使自己的说法更具说服力，李时珍反复研读《抱朴子》一类的书籍，并亲自验证了其中的部分记载。渐渐地，他学会了如何炼制水银、轻粉（氯化汞），了解到水银是通过加热丹砂分解而来。若在水银中加入盐等物质，经过反应后就会得到轻粉。由此，他对用丹砂炼丹的危害有了更深的了解，认为水银“温燥有毒”，经年累月，“遂成疾瘤，其害无穷”。

纵然辩论、研究的过程始终伴随着质疑和挑衅，甚至是威胁，但李时珍并不为所动。他怀揣着一位医者的责任与仁心，始终坚定地同真理并肩，并为之努力前行，直到清流汇入江海，荡涤一切浑浊。

聊聊梦想

我觉得李时珍的梦想是________________________

为了实现梦想,李时珍做了什么?

____

我的梦想是________________________________

为了实现梦想,我已经做了什么?

____

我还要做什么?

____

小链接：流芳百世的《本草纲目》

《本草纲目》是一本综合性医学著作。全书共分为52卷，近200万字，绘制插画千余幅。全书分16个门类，介绍了1800多种药物的特征及用法。

这部积累了大量前人成果、李时珍跋涉万里完成的巨著，为世人传播与推崇。

当时的文学大家王世贞因早年误信方士、沉迷丹药而拖累了身体。随着年龄的增长，他的病情日益加重。医术高明的李时珍为其悉心诊治调理。很快，他的身体状况就有了明显好转。为李时珍的医德、医术所折服，王世贞写下了“真北斗以南一人。解其装、无长物，有《本草纲目》数十卷”的赞语。

王世贞在仔细阅读《本草纲目》后，惊赞不已，称此书为“帝王之秘录，臣民之重宝”。

事实证明，王世贞并没有夸大其词。以科学的分类方法为基础，《本草纲目》的贡献并不止于药学。这是一部综合药物、方剂、临床等多个学科的不朽之作，对中医发展的影响不可估量。

这部巨著在最早传播到日本后，又在朝鲜、东南亚、欧洲乃至世界上产生了巨大的影响。在亚洲一些国家，《本草纲目》被作为指导医疗实践的重要参考书；而在欧美，它被认为是博物学百科全书，达尔文在其著作中也多次引用《本草纲目》。

茅以升：

建一座通往理想的桥梁

人生一征途耳，其长百年，我已走过十之七八。回首前尘，历历在目，崎岖多于平坦。忽深谷，忽洪涛，幸赖桥梁以渡。桥何名欤？曰奋斗。

——茅以升

人物档案

茅以升(1896~1989),江苏镇江人,中国土木工程学家、桥梁专家、工程教育家,中国科学院院士、美国工程院院士、"中央研究院"院士,终身致力于桥梁建筑事业。1916年毕业于西南交通大学(前交通部唐山工业专门学校),1917年在美国康奈尔大学获得硕士学位,1919年获美国卡耐基理工学院(现为卡耐基梅隆大学)博士学位。回国后,茅以升在钱塘江大桥、武汉长江大桥的建设中充分应用专业所学,发挥聪明才智,被誉为"中国近代桥梁事业的先驱"。

茅以升一生学桥、造桥、写桥,与桥梁结下了不解之缘,是中国现代桥梁工程学的重要奠基人。

1933年,由他主持修建的第一座中国人自己设计、建造的铁路公路两用桥——杭州钱塘江大桥,改变了此前大桥建造为外国人垄断的历史，也使中国的基建实力得到外国同行的充分认可。杭州钱塘江大桥的建成是中国桥梁史上的一个重要里程碑。20世纪50年代，他再次肩负起造桥重任，连续克服14个建设难题，与专家组、建造者一同在壮阔的长江之上，成功架起了武汉长江大桥。

在教育领域，茅以升同样有非凡的影响力。在长达20余年的教育生涯中，茅以升长期在高校授课并担任校长。1979年，他被母校卡耐基理工学院授予“卓越校友”奖章，以肯定他在工程技术方面的贡献，以及在世界范围内产生的影响。

『一个人的数学课』

从唐山工业专门学校毕业后，茅以升远渡重洋，仅仅用了一年时间，就在美国康奈尔大学取得了硕士学位。毕业后，他并不着急回国而是留在国外继续深造。原来儿时起，他就立志要造一座坚固的大桥。当时，国内的大桥建设为国外垄断，这也使他更加坚定了自己的信念。

机会从来不会辜负那些已经准备好的人。在导师贾柯贝教授的引荐下，茅以升离开康奈尔大学，来到生产钢铁与冒着浓烟的工业重镇匹兹堡，在当地一家桥梁公司实习。他做过制图、设计、装配，金属工、木工、油工各种工种。在这里，茅以升的专业水平突飞猛进。但他急需获取更多的知识补充到日常工作中，以应对层出不穷的情况。

在得知当地的卡耐基理工学院开设夜校，且设有工学博士学位后，茅以升毫不犹豫地向学校提交了攻读博士学位的申请。

回想起刚来美国时，由于唐山工业专门学校籍籍无名，茅以升曾因此被看轻。而此时的茅以升没有遭遇任何阻碍，唯一的困难就是学习较之前更忙碌了。那时,卡耐基理工学院的规定是,想要获得博士学位,除了完成相应的学位论文外,学生还要修完一门主课及两门副课的学分。为桥梁而来的茅以升当然主修桥梁工程,两门副课则另有社会科学和自然科学的选择要求。社会科学课程,茅以升选择了汉语和本来就颇有基础的法语,以便留出更多时间学习专业课程;自然科学课程,他选择了只有他一个人选修的高等数学。

那么,一个人的课堂会是怎么样的呢?

尽管只有一个学生,高等数学的任课教授也丝毫没有怠慢茅以升。他认真备课,课堂上丰富的知识点布置及恰到好处的思考空间使本就求知欲旺盛的茅以升燃起了斗志。两个人的课堂就像一场进退博弈的棋局。在这里,知识的火花肆意飞溅开来,精彩纷呈。教授也在向茅以升授课的过程中,感受到了教学相长的无穷乐趣。他曾激动地对这个中国学生说:"给你一个人上课,我没有感到轻松分毫!"

课堂上,教授抛出问题,引导茅以升思考。茅以升则将自己在解题过程中的困惑与遇见的惊喜,毫无保留地告诉教授。就连这位教过无数学生的教授,都不得不感叹这位中国学生敏锐的洞见与扎实的基础。茅以升对知识无尽的渴求让教授备感压力。老师敬业的付出同样让茅以升深受感动,除了心底孜孜追求的理想与使命,学好高等数学也是他对这位教授致以的最高敬意。

仅仅用了一年的时间,茅以升就修满了所有学分,提前一年进入了准备博士论文的阶段。他没有想到的是,与教授共同探索、钻研的高等数学竟然那么快就派上了用场。茅以升的博士论文研究的是结构力学中的"次应力"问题。他凭借自己扎实的力学与数学基础,将这个力学问题转化为数学问题,以数学的思维方式,通过演绎、推论,不断寻找更为理想的计算方式。

1919年10月,题为《框架结构的次应力》的博士论文顺利通过答辩,而茅以升则成了卡耐基理工学院的第一位工科博士。直到1936年,这里才又出现了第二位工科博士。茅以升的研究成果,在整个美国引发反响,而他在论文中的创新论断则被大家称为"茅氏定律"。

『一座桥的89天』

钱塘江大桥位于杭州市区南侧,与著名的六和塔只有不到千米的距离，是一座连接沪杭铁路、杭甬铁路、浙赣铁路等轨道的重要桥梁。它于沧桑风雨中，承载着人们平淡而又忙碌的每一天。综观大桥今日的壮丽与繁华，谁又能想到八十多年前，它曾轰轰烈烈地倒在战争的烽火中。

抗日战争全面爆发后，日寇不断逼近钱塘江大桥。1937年9月26日，这座由中国人自己设计并完成建造的大桥正式通车。没有建成仪式，更没有庆祝活动，只有源源不断的罹难百姓，经由此桥从北岸涌向南岸。还有大批军用物资通过这座桥，被运往硝烟弥漫的抗战前线。

凝望着眼前的一切，茅以升的内心丝毫没有大功告成的喜悦。望着时而平静、时而波澜起伏的钱塘江江面，这位历来自信、果敢的科学家内心充满焦灼。今天的钱塘江大桥可以为前线运送物资，明天的钱塘江大桥同样可以成为敌人输送作战物资的重要通道，继而沦为日军快速进攻的工具。对此，茅以升早有准备……

为防止大桥沦为日军进一步侵犯祖国领土的工具，在设计、建造大桥时，茅以升就预留了应对方案。首先，主桥的十六孔钢梁的外形保持一致。这么做的话，假如江中正桥一孔被炸落水中，可将靠岸的一孔钢梁拆卸下来，浮运到破损处安装起来，靠岸的一孔处再搭建便桥。其次，在大桥的南侧，第二个桥墩的位置上预留出一个方形的大洞。那时没有人知道这个设计到底有什么用处，只有茅以升和总工程师罗英清楚。这个用以存放炸药的方洞，可使这座伟大的桥梁瞬间瘫痪。可以说，茅以升从钱塘江大桥建成那一刻起，就已经做好了炸毁它的准备。

1937年11月16日，茅以升果真接到了炸桥的命令！

但是立刻炸桥还不是时候。因为大量难民正通过大桥涌向各地。此时炸断大桥，虽然可以延缓日军侵略的步伐，但无疑会断送无数百姓的活路。茅以升思虑再三，决定冒险将炸桥的计划分为两步：第一步是将炸药安装到位；第二步更为关键，即采取严格的管控措施，确保行经人员与车辆的安全。方案一经确认，负责大桥建设的技术人员与工人们就紧锣密鼓地开始了安置炸药、连接引线的工作。没想到，预留的方洞那么快就派上了用场，茅以升彻夜难眠。

埋放炸药和排布引线的工作持续了整整一个通宵。望着江边明灭的灯火，江上的冷风灌进茅以升的身体。这座耗时两年半、历尽千辛万苦建造而成的大桥，甚至还来不及被世人看清，就将在人们慌乱的脚步中走向自己的终点。茅以升心

我还会回来的！

痛万分,可又别无选择……

12月23日下午5时,日军的铁蹄逼近桥头。茅以升一声令下,果断启动爆炸装置。在那惊天动地的巨响声中,钱塘江大桥瞬间残破不堪。始于使命,也同样终于使命。这座意义非凡的大桥仅在钱塘江上存在了89天!

1946年,茅以升带着技术人员及留存下来的14箱造桥材料,重返光复后的杭州。他们随即展开了针对钱塘江大桥的全面考察,并着手大桥的修复工作。1953年9月,第六号桥墩完成修复,钱塘江大桥终于恢复了昔日的风采,重新屹立在壮丽而秀美的神州大地上。

『居室里的科学课堂』

一间不大的房间里,摆放着充满巧思的模型,陈列着真诚稚气的字画。这里是茅以升的居室。为什么这里会摆放着这么多与儿童有关的物件呢?

原来,这些都是茅以升的小读者们给他寄来的小礼物。每次看到这些,他总会感到格外温暖而又充满希望。随着年岁渐长，茅以升的视力大不如前。他渐渐从一线科研工作中淡出，转而将自己的精力投入普及科学知识的工作。他把少年儿童看作是科普工作最为重要的对象。他深信“科普是通往科学的桥梁”，而“爱孩子就是爱祖国的明天”。

那时的他不仅不辞辛劳地在各地中小学、少年宫开设科普讲座，也积极参与、促成各类青少年科学竞赛及展览，更在当时的重要报刊上发表了多篇文章——《没有不能造的桥》《从小得到的启发》等。他通过讲述自己儿时观看走马灯、巧记圆周率的故事，引导孩子们热爱科学、学习科学、运用科学，更希望他们能够不断地通过学习，投身科学事业和祖国建设。可爱的孩子们也总以自己的方式表达他们对茅爷爷的喜爱。他们有的向他赠送自己制作的模型，有的则为他绘画肖像，也有孩子将自己参与科技活动的照片寄给他。少年儿童乐于学习、钻研科学的现象，在茅以升所到之处，蔚然成风。

有一次，在茅以升的家中，北京市育民小学的几个小学生围坐在他身边，认真地聆听他讲科学故事。其中一个曾读过《从小得到的启发》一文的孩子，对茅以升能够记忆圆周率小数点后100位的事十分佩服，还提出要和茅以升比试的想法。比试的内容当然就是写出圆周率小数点后的100位，只不过，这次他们要比的是谁的速度更快。

茅以升欣然答应了孩子的提议。他伸出指尖在那孩子的鼻尖上刮了一下，笑道："那么多年了，我还没有碰到过对手，想不到今天的对手会是一个九岁的孩子！"

比赛开始了！

这两个人都写得飞快。那孩子果真下过功夫，写到第100位时竟比茅以升快了两秒钟。可当他放下笔仔细一瞧，才发现茅以升比自己多写了一位。

"茅爷爷，我写得更快，你写得更多，那么咱们算谁赢呢？"孩子困惑不已，一时又不明白茅以升的用意，只能好奇地看着眼前这位和蔼的老爷爷。

"当然是你赢了！"茅以升笑着说，"茅爷爷之所以多写一位，其实是想告诉你们，圆周率其实是无限的，这就好像科学研究一样，我们永远不能只满足于这'100位'，而是要不断追求科学的无穷无尽！"接着，他又强调，记忆不过是学习的一部分，比起死记硬背，学会思考并培养广泛的兴趣爱好更为重要。

这个孩子被茅爷爷的话深深地打动了。他很好奇，科学的无穷无尽到底是什么样子？是像深邃的大海一样，充满了蔚蓝色的未知，还是犹如浩瀚的星空，璀璨无垠？无论它是什么样子，他都愿意像茅爷爷一样，用毕生的热爱去追随那些未知答案之后无限的可能。后来，这个勇敢而又聪明的孩子连续两次在全国青少年科学发明竞赛中获得一等奖。他用自己的实际行动，证明了他对茅以升爷爷以及科学事业的崇敬与热爱。

聊聊梦想

我觉得茅以升的梦想是________________________

为了实现梦想，茅以升做了什么？

____

我的梦想是____________________________

为了实现梦想，我已经做了什么？

____

我还要做什么？

____

小链接：钱塘江大桥是如何建成的？

在钱塘江大桥建成之前，钱塘江上是没有桥的，往来全凭义渡沟通。义渡是民间或官方捐资兴建，以便民为目的，供行人免费或低价渡江过河的渡口。

20世纪30年代，随着社会的不断发展，仅有义渡显然已无法满足人们开展商业活动及日常生活的需求了，故而造桥就被提上了议事日程。

1933年，一批中国桥梁工程专家来到杭州。茅以升担任工程处处长，拉开了这项伟大工程的序幕。但是，要在钱塘江上造桥绝非易事。由于江面开阔、水文地质条件又十分复杂，除了要克服湍急的水流带来的危险外，流沙的威胁同样不可小觑。经过不断的论证、勘验与实践，茅以升与大家一同利用沉箱法克服了水流湍急造成的施工难题，又用射水法解决了流沙质硬又厚积所导致的难以打桩的问题。他们还巧妙地借助江潮涨落所形成的沉浮，帮助他们在桥墩上架设起钢梁。

建成后的钱塘江大桥为公路、铁路两用桥，上层公路桥长1072米，下层标准轨距单线铁路桥长1322米。钱塘江大桥成为中国近代史上第一座由中国人自行设计建造的公路、铁路两用的现代化桥梁。

童第周：

锲而不舍的克隆先驱

历史告诉我们，凡是唯心论和形而上学的宇宙观抬头的时候，科学的发展就受到阻碍；辩证唯物论的宇宙观发展的时候，科学工作就随之迅速发展。

——童第周

人物档案

童第周（1902~1979），出生在浙江省鄞县（现宁波市鄞州区），是我国著名的生物学家。由于家境贫寒，直到17岁，他才进入中学学习，但由于基础不扎实，成绩十分糟糕。童第周没有放弃，在同学们休息时依旧勤学苦读，弥补差距，最终完成逆袭，不仅考上了复旦大学哲学系心理学专业，还在亲友的资助下，前往比利时学习生物学。

1949年，他婉拒了耶鲁大学的邀请，毅然选择回到日思夜想的祖国，加入百废待兴的国家建设，相继在山东大学、同济大学、复旦大学等高校任教。

童第周长期从事实验胚胎学、细胞生物学、发育生物学研究，被认为是中国海洋科学研究的奠基人及生物科学研究的引路人。他对鱼类、两栖类动物早期发育规律的开创性研究，揭示了胚胎发育的极性现象，为20世纪70年代我国实现鱼类异种克隆及成年鲫鱼体细胞克隆技术打下了坚实的基础。

1979年3月，长期身体透支的童第周倒在了他毕生耕耘的讲台上，自此一病不起。他以每一滴热血，浇灌着自己永不言弃的精神及“愿效老牛，为国捐躯”的无悔初心，直至生命尽头。

『从留级生到优等生』

1902年，童第周出生在浙江鄞县一个清贫却浸润着书香的家庭。父亲童兆甲带着盼望孩子平安、快乐、好学这些样样周全的期许，为他挑选了一个“周”字，“第”则是因为他属于“第”字辈。6岁那年，童第周跟随父亲进入自家私塾，对学习充满了热情和憧憬。在这里养成的学习习惯，为他后来的发展，打下了基础。

童第周出生在一个偏僻的小村子，但他拥有清晰的人生目标及远大理想。拮据的家庭经济状况限制了童第周的脚步，但他眼底的渴望瞒不过家人的眼睛。

童第周的二哥自北京大学毕业后，在宁波赫赫有名的效实中学找到了一份工作。当时教师的待遇还算不错，至少童第周的学费有了指望。1918年，一家人商量后，把童第周送进了能够提供免费食宿的宁波第四师范学校继续学习。

洋学堂里学的东西和私塾比起来，那可是天壤之别。一开始，童第周难免感到茫然无措。但很快，他就被这个无穷宽广而又丰富的知识世界深深吸引了，甚至在心底萌生出一个更为大胆的念头——报考宁波效实中学！

那是一所创办于民国元年（1912）的学校，校名取自《天演论》中的名句——物竞天择，效实储能。效实中学尤其注重培养学生学习数理及外语的能力。进入三年级后，所有课程都采用全英文授课。学校的名声在当时很是响亮，只是门槛高，学费又十分昂贵。借着二哥在效实中学工作的东风，加上刻苦备考，童第周凭借异常亮眼的数学选拔成绩，如愿进入了效实中学。还来不及高兴，随之而来的挑战就令童第周措手不及。

进入效实中学的第一年，可以说是童第周学海苦渡最为艰辛又难熬的一年。英文课本、英文授课，难度远高于之前的课程。加上童第周基础薄弱，他关于未来光明美好的想象突然黯淡了下来，只剩下黑夜里照亮课本与习题的那一盏摇摇欲坠的路灯。即便如此，他也从未怀疑过自己的选择，相信只有坚定、勇敢地攀过险峰，才能遇见理想中的美景。

同学们总在背后议论这个成绩不太理想的转校生，觉得他赶不上效实中学的进度，迟早会留级。情况再严重的话，就要被迫退学了。童第周却没有放弃。既然已经掉队，那他就花比别人更多的时间追上去。

夜里熄灯后，大家渐渐沉入梦乡，童第周想方设法寻找光源，尽可能地延长学习时间；第二天，同学们睡眼惺忪地从梦中醒来时，和晨光一同起床的童第周，已经学了许久。就这样，时间仿佛离弦的箭，一转眼一个学期过去了。童第周的耕耘能得到回报吗？

很遗憾，答案是否定的。童第周需要补习的内容实在太多了，纵然紧赶慢赶，还是远远不够，更何况他就读的还是那么一所以严谨、严厉闻名的学校。第一学期，童第周的平均分只有45分。校长担心长此以往，他不仅完不成学业，也会拖垮自己的身体，就提出了让他留级的建议。童第周不但拒绝了，还向关心他的师长许下了下学期一定赶上大部队的承诺。

在经过一段时间的适应后，他的学业开始突飞猛进。童第周果然没有食言。第二学期期末，他的数学成绩拿到了满分，其他科目也迎头赶上，平均成绩接近70分。再后来，他更是将班级第一收入囊中。从排名倒数到排名第一，实现华丽逆袭的童第周知道，真正重要的并不是分数本身，而是知道自己要去往何方，并始终坚定地朝着这个目标前进。

『“滴水穿石”的启发』

“滴水穿石”这个座右铭，是在私塾学习时，童第周的父亲印刻在他心里的。

童第周记得，有一天，他在学堂外屋檐下的石阶上看到了一排整齐的小水坑。心生疑惑的他就问父亲：“这台阶上的水坑是本来就有呢，还是被人凿出来的？如果是人为的，又是什么用意呢？”童兆甲听后不禁莞尔，但对孩子的好奇心表示赞赏。他对童第周说：“这一排小水坑并不是本来就有的，也并非有人刻意为之，而是因为下雨时，檐头水滴不断坠落，长年累月砸出来的。”这个答案叫童第周着实吃了一惊，原来顺势而为、随方亦圆的水还有这样的能量！

“不积跬步，无以至千里；不积小流，无以成江海。”当时的童第周或许还懵懵懂懂，只是由衷地感叹自然造物的神奇。随着自己不断成长，他对“滴水穿石”的道理有了更深刻的体悟，更明白了在达到质变之前，量变是自己必经的过程。这个认知，伴随了他一生。

1930年，童第周远渡重洋，来到了当时科学文化都颇为繁荣的比利时,开启了属于自己的新传奇。

求学问道从来都不是一件轻松的事。来到异国他乡,风雨兼程的童第周生活很拮据,还要应对文化差异、民族偏见、语言交流障碍等重重阻碍。他不得不先慢下自己的脚步。幸运的是,童第周的房东不仅给他提供了住处,还介绍他进入欧洲著名生物学家布拉舍教授的实验室工作。

能够进入布拉舍教授的实验室并非偶然。在童第周之前,布拉舍教授的实验室里就曾有一位出色的中国留学生。布拉舍教授对此有深刻的印象,因此他很爽快地答应了童第周想要来实验室工作的请求。当时,实验室里的工作人员近十人。身材瘦小的童第周没有出众的外表,加上法语不熟练,并不引人注意。但他总是安静地埋头苦干,用实验数据和结果说话。

布拉舍教授去世后,接管实验室的达克教授也渐渐注意到了这个来自东方的青年。那时,实验室里有一个多年难以攻破的技术难题——青蛙卵剥离手术。这件听起来稀松平常的事,干起来却需要十足的耐心和技术。因为蛙卵的直径只有大约1毫米,比米粒还小很多。蛙卵外层透明的胶质膜遇水就会膨胀,与内部粘连。实验时,要用镊子夹住卵膜并将其撕开，力度能不能把握好是成功与否的关键。力用大了，卵膜会破裂；力用得不够，圆滑的蛙卵就会从镊子间溜走。面对无数次失败，大家几乎没有信心再去尝试了。

但是谁都没有想到，一直以来默默无闻的童第周却是这个难题的突破口。那天，达克教授让照例埋头做实验的童第周尝试取蛙卵。童第周拿起镊子，深吸了一口气，然后轻轻闭上眼睛，脑海里迅速闪过曾无数次练习的画面。只见他睁开眼，先在球状的蛙卵表面迅速扎了个小孔，紧接着用镊子夹住卵膜的中央，又迅速向两边撕开。几个动作干净利落、一气呵成，卵膜顺利脱落。一个困扰了大家几年的难题就这么瞬间解决了。

实验室里鸦雀无声。突然响起一个声音，有人想要童第周再演示一遍刚才的操作，因为大家都不敢相信自己的眼睛。达克教授激动地询问童第周操作的要领。童第周告诉他，扎孔是关键步骤，这么做可以排出卵内的压力，使蛙卵改变难操作的球状外形，更方便剥除卵膜。

当所有人都沉浸在成功的喜悦中时，童第周却显得十分平静。因为只有他清楚成功背后是自己日复一日地钻研与练习。经过这次出色的表现，童第周在实验室中站稳了脚跟。

更复杂更具挑战性的实验来到了童第周的手中，他的学术道路也越走越宽。

『无价与有价』

抗日战争全面爆发后，国内形势迅速恶化，人民陷于水深火热之中。童第周意识到救国不能没有科学，于是放弃了在欧洲的生活，毅然选择回国。1941年的中国战火纷飞，同年11月，童第周拖着一家老小来到四川宜宾，并于落脚在李庄镇的同济大学找到了一份生物系教授的工作。李庄镇位于宜宾市东郊，是一个无论经济还是交通都毫无优势的小镇。在战争年代，这里因相对安全而备受青睐，成为国内诸多知名学府及研究所汇聚之地。

抗日战争期间，坐落于上海吴淞的同济大学遭到日军的轰炸。为坚持办学，同济师生历经万里辗转，最终落脚在了李庄镇。一时间，这个遥远贫困、几乎无人问津的小镇上，群星闪耀。童第周就是这璀璨群星中的一颗。

同济大学位于李庄镇一座名叫南华宫的庙里。生物系的五六个人就挤在庙里不到二十平方米的小房子里做实验，而且连一架最基本的显微镜都没有。

事实上，突然涌入大量人口让这座偏远的小镇有些吃不消。当地的生活物资本就贫乏，大量外来人口让物价疯涨起来。生活的困顿、科研条件的艰苦都无法成为阻碍童第周师生们探索、钻研科学的绊脚石，然而做生物实验没有显微镜，让他们一筹莫展。

一天，童第周经过小镇上的一个旧货摊时，偶然看见了一台德国制造的双筒解剖显微镜。这可把他高兴坏了。他立马跑回家中，孩子般地拉上妻子叶毓芬又返回旧货摊，迫不及待地要和她分享自己的惊喜。可才高兴了一会儿，摊主的漫天要价，好比一盆冷水，浇在童第周头上。这台显微镜要卖六万元。那时候六万元钱可是他们夫妇二人整整两年的工资！而且一大家子的花销可都要靠他们两个人的收入维持。这笔钱对当时的他们来说，实在过于巨大，他们只得失望离去。

童第周实在没想到：没有显微镜的时候，自己急得睡不着觉；眼下找到了显微镜，却比之前更加难以入睡了。第二天，童第周又跑去旧货摊，显微镜倒是还在，只是价格又涨了五千！这水涨船高的架势，着实让童第周心惊肉跳。他沮丧极了，知道这台显微镜不可能属于自己了。

你买得起吗?
六万!

之后一段时间，只要童第周有空，就会偷偷跑到旧货摊看几眼。童第周的失落，妻子全看在眼里。她决定支持丈夫，即便向亲戚开口借钱，也要凑齐这笔费用。童第周对此十分感激。在妻子的鼓励下，他兴冲冲地跑到亲戚家中，谁知又是一盆冷水毫不留情地泼在童第周头上。对童第周的请求，亲戚们很是鄙夷。他们认为，生活已经那么困难了，有了钱不贴补家用，却要去搞什么虚无缥缈的实验，实在是太不像话了。亲戚非但没有把钱借给童第周，还当面数落了他一顿。童第周乘兴而去，败兴而归，更为亲戚们轻蔑的想法气愤不已。眼前的生活固然重要，但民族国家的未来就不需要我辈舍生忘死去追寻了吗？

叶毓芬知道人际往来并非丈夫的强项，又不忍心让丈夫难过，只好再去亲戚家里赔笑，终于凑齐了这六万五千元钱……

因为这台显微镜，在很长的一段时间里，童第周一家都过得很拮据；也正是因为有了这台显微镜，童第周在这座偏僻的小镇上开始了中国最早的实验胚胎学研究，并为后来我国取得世界领先的生物胚胎研究成果，奠定了扎实的基础。童第周还开拓了发育生物学和分子遗传学的研究领域，是我国当之无愧的“克隆先驱”。

聊聊梦想

我觉得童第周的梦想是________________________________

为了实现梦想,童第周做了什么?

____

我的梦想是____

为了实现梦想,我已经做了什么?

____

我还要做什么?

____

小链接：克隆技术如何造福人类？

自21世纪以来，生物克隆技术已展现出广阔的应用前景，在植物和动物领域都成绩斐然。那么，植物克隆技术和动物克隆技术会如何影响人类社会呢？

随着地球上的人口不断增加，人们不得不面对日益严峻的现实，即土地、粮食及其他生存资源的短缺。植物克隆技术的发展则能从各类作物的产量及品质两个重要维度上，为人类克服这些难题带来更多可能。

将克隆技术应用于植物的实践已十分普遍。它不仅使部分粮食、花卉、蔬果的产量显著提高，且能加强其抗病抗虫的生理特性。

在动物界，克隆技术的使用要复杂得多。这种复杂性既体现在技术难度上，又表现为人们对随之而来的科学伦理问题的激烈讨论。动物克隆一方面可以用于拯救濒危动物，也可以应用于临床医学，克隆组织和器官等给病人康复带来希望。另一方面也给人类带来许多困惑。比如关于“克隆人”的讨论日趋白热化。不少影视作品通过大胆的想象与假设表达了人们对此的关注与担忧。但无论讨论如何激烈，有一个共识却是不变的：正确利用科学，才能真正使科学造福人类。

自童第周等中国科学家开启按需人工培育新物种的研究起，中国的克隆技术得到了快速的发展。未来，克隆技术也将在解决人口、粮食、生态及能源等诸多与人类生存紧密相关的领域发挥巨大作用。

钱学森：

忧国忧民的中国航天之父

想自立，想进步，就须胆量放大，将试验精神，向那未发明的新理贯射过去。

——钱学森

人物档案

钱学森(1911~2009),生于上海,祖籍浙江杭州,是闻名世界的科学家、空气动力学家,中国“两弹一星”功勋奖获得者,有“中国航天之父”之称。

钱学森于1934年毕业于上海交通大学,同年取得清华大学庚款留学资格。

怀揣着振兴中华的远大志向,钱学森于1935年进入美国麻省理工学院航空系学习,次年获得航空工程硕士学位。在加州理工学院学习期间,投入享誉世界的大科学家冯·卡门门下。毕业后,与卡门共同研究高速空气动力学课题,提出了世界闻名的“卡门—钱学森”公式。

在世界范围内获得声誉后,钱学森并未贪恋名利,而是选择在祖国最需要自己的时候归来。

在克服重重阻碍后，钱学森于1955年回到祖国。

在他的带领下，1964年10月16日，中国第一颗原子弹爆炸成功；1967年6月17日，中国第一颗氢弹空爆试验成功；1970年4月24日，中国第一颗人造卫星发射成功。

钱学森不愧为新中国发展历程中最具代表性的杰出人物之一。在那个群星荟萃的时代里，钱学森是一颗巨星。他在助力祖国航天事业腾飞的同时，也极大地推动了高速空气动力学及喷气推进技术的发展。

『无声的滋养』

1929年,钱学森以优异的成绩考入交通大学。这是一所底蕴深厚又治学严谨的学府,其前身为南洋公学。当时交通大学里,很多课程都以英语授课,加上学校严格的治学要求,学生们焦头烂额。刚入学的钱学森也不能适应。他要求自己尽快调整状态,跟上大学的学习节奏。他心里十分清楚,这一切的严格要求都是在为将来打下坚实的基础,故而他从来不抱怨学业辛苦,反而甘之如饴。功夫不负有心人。一学期下来,他的成绩进步飞速,每一门课程都取得了不俗的成绩。

但在他即将升入大二的时候,一个意外突然降临。由于突发重病,钱学森只能向学校申请休学一年,随父母来到杭州休养。休学期间,钱学森并没有把时间浪费在迷惘与失落中。和刚进入交通大学时一样,他很快找回了学习节奏,将时间安排得井井有条。只不过一直以来对于"为谁而学",他的认识还模糊不清。

正是这次休学休养,让钱学森有了更多时间去寻找"为谁而学"的答案。

杭州是一座历史悠久、文化深厚的千年古都。那里的湖光山色可以陶冶心性，深厚的文化积淀亦如钱塘江水，时时濯洗着钱学森的心灵。

一次，钱学森与父亲漫步苏堤时，途经岳王庙，于是前往瞻仰。在岳飞墓前，他的父亲钱均夫语重心长地告诉他，自古忠奸正邪不相容。一个人的功过是非或许无法及时被世人看清，但只要无愧于心，历史总会给出公正的答案。父亲的一番话在钱学森年轻的心灵上留下了深刻的烙印。直到后来，它们支撑他在大洋彼岸做出了人生中最重要的决定。

从于谦到秋瑾，从马克思的《资本论》到布哈林的《历史唯物主义理论》，在休学一年的时间里，钱学森不仅没有荒废课业，还大量阅读书籍，进一步明确了自己努力的方向与目标。这也使他的学习后劲更足了。

1931年秋，钱学森回到了交通大学。这时的钱学森已经懂得了一个道理：个人的成长与进步终归是渺小的，只有融入社会进步、时代发展的洪流中，才能激荡出更为激越的生命浪花。故而在学习之余，他与同学一起积极参与爱国救亡运动，在读书会中学习社会科学知识，了解左翼文化运动的进步思想。他的所想所为也得到了家人的支持与鼓励。就这样，理论与实践两手抓，观察与思考两不误，学期末他仍以平均成绩90分以上的亮眼表现名列前茅，并因此获得了免除学费的资格。

可以说，优良的家风、学风、校风是钱学森成功的重要因素。刻苦钻研、永不言败、爱国报国的种子，学生时代就已埋在他灵魂深处。

『民族的脊梁』

20世纪50年代初，有这么一艘船，航行在中美两国之间。它就是"克利夫兰总统"号邮轮。在前后50年的时光里，这艘邮轮载着包括钱学森、华罗庚、朱光亚、邓稼先等大批留美学生，途经檀香山、横滨、马尼拉、香港，最终抵达祖国。

时光倒回到1948年，解放战争迎来了关键时刻。彼时钱学森仍在美国空军服役，从事火箭技术研究，但他时刻关注着祖国。他意识到，那片他热爱的、即将迎来胜利的土地，更需要自己。他必须尽快回国，积极投身新中国建设的火热事业。但由于中美关系紧张，想要回到中国，远没有想象的那么简单。

美国当局觊觎钱学森的科研成果与能力，当然不会轻易放他回国。另外，反共产主义的麦卡锡主义在美国风行一时。钱学森在这个节骨眼上选择回国，在美国军方看来，无疑就是选择了共产主义。不少人更是认为钱学森就是共产党员，并提出应将其软禁。美国海军次长丹尼·金布尔激烈地表示："无论在任何地方，他都价值五个师，宁可枪毙他也不能让他回到红色中国。"

1955年6月，始终没有放弃回国计划的钱学森同夫人蒋英在外用餐。这是一次谋划已久的外出。他们早已习惯并学会应对那些时刻盯梢的情报人员。按照夫妻两人事先说好的办法，钱学森负责引开并牵制美方负责跟踪他们的人员，蒋英则以去洗手间为借口，将一封写在香烟盒内壁上的求助信寄给自己的妹妹蒋华。他们希望通过在欧洲的蒋华，将信转交给全国人大常委会副委员长陈叔通先生。香烟盒空间有限，但所有容纳归国渴望的空间，都被钱学森的小字填满。陈叔通收到信的当天，就把钱学森的请求告诉了周恩来总理。周恩来总理以外交方式向美方多次提出严正交涉。

事实上，那时阻碍钱学森归国的禁令已被取消，但他仍旧难以脱身，被明令禁止离开他的居住地。然而只要一有机会，

我是一个装满思念的盒子!
无一日、一时、一刻不思归国参加伟大的建设高潮。……恳请祖国助我还乡,帮我结束客居海外的生涯,还我报国之夙愿。切切!

钱学森就会想方设法离开。

1950年8月的一天,已在机场完成行李托运的钱学森一家被美国移民局拒绝出境。移民局怀疑他的行李中藏有关于美国国防的重要机密文件。不久后,这一诬陷就被证实纯属子虚乌有。同年9月,钱学森一家又一次准备回国,他们再次受到刁难。这次的理由比上一次更为荒诞:他们怀疑钱学森是共产党员。在限制钱学森出境的同时,美国当局还野蛮地将其囚禁在圣佩德罗移民站里。

类似的遭遇在整整五年里一次又一次地上演,但钱学森始终坚定地相信,只要自己归国的决心不变,回到祖国只是时间问题。

1955年,我国政府与美国政府在日内瓦进行了第四次交涉,钱学森终于等来了回国的曙光。协议商定,自1955年下半年起到1965年底,将有130多位科学家可以如愿返程,踏上归国的旅程。

1955年9月17日,码头上的风扑在钱学森脸上,急切得就像他隆隆作响的心跳,让人恍惚不敢相信,这一天终于来了。在经历了整整五年的忍耐与等待后,他终于迎来了这个他日思夜想的时刻。虽然名义上是被“驱逐出境”,且被严厉要求途中不得离开邮轮，钱学森的心情却是前所未有的轻松。他将友人们的祝福收进行囊，毅然登上了“克利夫兰总统”号邮轮的甲板。

望着阳光下平静的海面，他心潮澎湃。1935年他来到美国求学，整整20年时间里，他专注科研，从事空气动力学、固体力学和火箭、导弹等领域研究，取得了举世瞩目的成就。但有一点，钱学森始终在内心深处坚守，那就是回报祖国。一切努力都是为了这一刻的到来！

『科学的旗帜』

1957年，中苏关系正处于“蜜月期”。当年9月，钱学森跟随聂荣臻元帅率领的代表团奔赴苏联，就国防尖端技术援助一事进行谈判。同年10月，双方签订相关协议。主要内容包括苏方将在1957年至1961年底间，分别向中国提供四种原子弹与导弹的样品及技术材料。

坐享其成并非中方的处事态度与原则。本着“自力更生为主”的研发方针，在收到“P-2”导弹样品后，由钱学森带领的专家组即刻开始了仿制的各项工作。虽说是“仿制”，但对当时的中国而言也绝非易事。首要的难题就是人手不足。捉襟见肘的人员配置与大量的技术工作不成正比。于是国家紧急动员,短时间内科研人员就从开始时的数百人激增到上万人。光有人还不够,为了解决人员大都专业不对口这一叫人头疼的问题,钱学森组织"扫盲班",又重新编制研发体制,以保证分工明确,进而把工作效率带动起来。

钱学森的做法果然奏效了。在人员数量、研发分工等基本问题得到解决之后,伴随着大家昂扬向上、不知疲倦的工作状态,技术工作慢慢走上了正轨。

忙完这些,钱学森的工作还远没有结束。他腾出手来,逐渐将工作重心转移到控制系统、导弹结构、推进剂等核心设计环节。其中,火箭发动机的设计与制造,成为一切工作的重中之重。

就在大家干得如火如荼时,坏消息不期而至。苏联从停止供应不锈钢材到克扣图纸样品,再到撤走援助专家,单方面撕毁了双方此前订立的协议。这对正处于起步阶段的中国航天事业来说,无疑是一记晴天霹雳。可义愤痛心之余,事业还得接着干下去。对此,钱学森无比坚定,因为这就是他千方百计回国的原因与价值所在。

火箭发动机是一枚导弹的心脏，要将几十上百吨重的航天器发射出去全靠它。其重要程度可见一斑，其研发难度同样超乎想象。

1960年11月5日凌晨，酒泉辽阔的戈壁滩早早迎来了日出。这一天，一枚凝结着钱学森和全体工程技术人员整整两年心血与希冀的仿制弹道导弹，即将接受真正的检验。

9时2分28秒！一声巨响划破寂静的长空。从远处看，一簇红色的火焰应声喷射。与此同时，只见一枚火箭腾空而起，直直地窜入湛蓝色的天空中。发动机的轰鸣声久久盘旋在天地间，也盘旋在每个人的心中。

如此阵仗，即便是钱学森也会感到有些忐忑。看着火箭升空，他情不自禁地从指挥室的座椅上站了起来。紧紧地攥着拳头，等待着更为重要的一刻的到来。

“导弹命中目标！”

9时10分5秒！7分多钟的“漫长”等待浓缩着无数个夜以继日的艰难跋涉，长到足以让人错以为遁入洪荒。霎时间，整个试验场上空充满激动的掌声与欢呼。往日种种都像是这一刻的铺垫。一向平静从容的钱学森眼底也泛起了泪光。他激动地与指挥室里的人一一拥抱。这一刻，他终于松了一口气，为自己无愧于祖国助他重返故园，更为新中国航天事业未来发展的无限可能。

“东风一号”试验成功的意义不可估量。它代表了一个民族克服困难、走出泥淖的决心。在国家遭遇了天灾人祸的极度困境之时，它重新建立起中国人民对于祖国富强的信心与希望。

钱学森走好了自己归国后的第一步。看着那些新培养起来的青年人一步步走向成熟，他预感到，中国航天事业发展的火光，将炽热而蓬勃地燃烧下去。

聊聊梦想

我觉得钱学森的梦想是____________________________

为了实现梦想，钱学森做了什么？

____

我的梦想是____________________________________

为了实现梦想，我已经做了什么？

____

我还要做什么？

____

小链接：母亲的爱国教育

在钱学森的成长过程中，除了父亲钱均夫的言传身教之外，母亲章兰娟对他的影响也很深。在钱学森很小的时候，母亲就在家中教他读书、习字，并帮助他养成了勤奋自律、独立思考、敢于挑战的学习习惯。

在章兰娟看来，一个真正于家于国有用的人，不仅要在自己的专业领域里练就过硬的本领，更要发自内心地热爱、尊重、守护自己民族的文化与历史。于是，她耐心而又饱含深情地将岳飞尽忠报国、诸葛亮鞠躬尽瘁的故事讲给钱学森听，让这些英雄人物于家于国的深情与责任烙印在钱学森的心底，令爱国报国的信念早早地就在他心底萌芽。

1935年，钱学森自上海交通大学毕业后，决心踏上求学海外、学成报国的旅程。临行前，母亲章兰娟将《老子》《庄子》等传统文化典籍交到了钱学森的手里，希望他始终牢记自己的身份及去国远行的初衷，也希望书中的智慧能在钱学森迷惘、徘徊的时候给他些许启发。

章兰娟没有失望。留学美国的钱学森不仅学有所成，且在祖国需要自己的时候，毅然放弃了彼时国外优渥的物质生活条件，历尽千辛万苦回国，投身“两弹一星”事业，并为祖国航天事业的腾飞付出了自己无悔的一生。

屠呦呦：

一株改变世界的“小草”

真正的坚韧，应该是哭的时候要彻底，笑的时候要开怀，说的时候淋漓尽致，做的时候不要犹豫。

——屠呦呦

人物档案

屠呦呦，1930年12月30日出生在浙江省宁波市——一座历史文化底蕴深厚的江南名城。

1951年，她考入北京医学院（今北京大学医学部）药学系生药学专业，毕业后在中医研究院（2005年更名为中国中医科学院）中药研究所工作至今。

多年来，屠呦呦主要从事中药和中西药结合研究。1969年，她受命启动中药抗疟项目。1999年世界卫生组织将青蒿素列入抗疟“基本药品”名单，并在世界范围推广。一晃，她走过了三十年。

屠呦呦发现的青蒿素在全球，特别是发展中国家，挽救了数百万人的生命。2011年，她因此获得美国拉斯克临床医学奖。

后来，她又从中医古籍中获得启发，带领团队改进了对青蒿素的传统提取工艺，率先成功提取出对疟原虫抑制率达100%的青蒿抗疟有效部位“醚中干”。她凭借此项成果于2015年获得诺贝尔生理学或医学奖，成为首位获得该奖项的中国科学家。

除此殊荣外，屠呦呦还获得了2016年国家最高科学技术奖，并入选《时代周刊》(*Time*)100位最具影响力女性人物榜。

『与青蒿素结缘』

对大部分人而言，1930年的冬天并没有什么特别之处。但从浙江省宁波市开明街传出的一阵“哇哇”的啼哭声，在这天寒地冻的时节里，氤氲起一分温柔的期待。

这是降生在这个家庭里的第四个小生命，接连得子让这个大家庭格外期待一件“小棉袄”。此刻，这位千金的到来显得尤为珍贵。为了表达这份喜悦，她父亲为她取名“呦呦”——“呦呦鹿鸣，食野之蒿。”吟完此句，他又自对了一句“蒿草青青，报之春晖”，以表达内心的喜悦之情，而这似乎也为这个小生命未来的旅程留下了一个命运的注脚。

疟疾是一种由疟原虫侵入人体而引发的恶性疾病，已在全世界肆虐了几千年。罹患这种疾病，患者会出现高烧不退、浑身发抖的症状，严重的甚至会在短时间内丢失生命。虽然奎宁、氯喹等特效药的相继问世为疟疾的治疗带来一线曙光，但到20世纪60年代，疟原虫渐渐对这些药物产生耐药性，疟疾大规模暴发。灾难在东南亚地区卷土重来，甚至成了越南战争中比枪炮更为可怕的存在。它像幽灵一样，无时无刻不在威胁着人们的生命。疾病将处于战争中的人们拖向了更深的泥淖。

应越南方面的请求，在毛泽东、周恩来的指示下，自1964年起，中国开始针对抗疟药物展开研究。1967年5月，代号“523”的大规模药物筛选、研究项目在全国7省市铺开，但直到1968年均未取得显著突破。

从北京大学毕业后，屠呦呦一直在中医研究院中药研究所工作。机会总是格外垂青那些早就准备好了的人。1969年，由于“523”项目一再受挫，中医研究院中药研究所受命加入了全国“523”抗击疟疾研究项目。同年1月底，39岁的屠呦呦接到了自己人生中一个格外重要的秘密任务——以组长的身份，组建“523”项目课题组。这时的她或许已经预感到，眼前的路既长且难，却又是她生命难以回避的选择与使命。

在研究的前半程，她用三个月的时间梳理出了包含动物、植物、矿物药等在内的逾2000个方药，并以此为基础，将囊括了640个方药的《疟疾单秘验方集》编辑成册。在此之后，屠呦呦将自己的研究范围缩小到常山、胡椒、青蒿等对象上。为了大幅提高对疟原虫的抑制率，到1971年，她和她的团队针对100多种中药水煎煮提取物及逾200个乙醇提取物样品，开展了各类实验。多少个不眠夜，屠呦呦从东晋葛洪的《肘后备急方》、宋代的《圣济总录》、元代的《丹溪心法》、明代的《普济方》到清代的《本草备要》《温病条辨》以及一切能找到的有关青蒿治疗疟疾的民间方药中探寻。她深信，曙光就隐匿在这些古老文字中。它们正静待她提灯，来到身边。

然而，所有的努力换来的却是对疟原虫抑制率40%这个令人无比失望的数字。

那时，屠呦呦把家安在了研究所里，往返实验室只需要步行两分钟。每天，她都重复着两点一线的生活，吃过晚饭后，她还要回到实验室里，一低头就忙碌到深夜。

一个夜晚，屠呦呦正读着葛洪的《肘后备急方》，她伸手揉了揉有些酸涩的双眼。一句看似普通的句子出现在眼前："青蒿一握，以水二升渍，绞取汁，尽服之。"屠呦呦敏感地锁定了"绞取汁"这个关键词。一般而言，人们常以水煎的方式提取中药，为什么青蒿却偏偏要用"绞"的方式来提取呢？

屠呦呦很快就意识到了问题所在：要想成功提取抗疟药草中的有效成分，温度才是真正的关键。这使原本在胡同里打转的她一下子找到了方向。她立即着手设计更为严谨、周详的提取方案。

功夫不负有心人。自1971年9月开始，日复一日的坚持终于得到了理想的实验结果：青蒿乙醚提取物的中性部分具有最好的抗疟效果。这个结果让团队成员的精神为之一振。10月4日，在无数次遭遇失败后，成功应约而来：191号青蒿乙醚中性提取物对鼠疟原虫的抑制率达100%！

41年前，屠呦呦的父亲以《诗经》的笙歌之乐为怀中女婴的生命赋形。那时的他或许未曾想过，这份关于生的喜悦与感动，将经由他怀中的温暖，传递给更多深陷苦难中的生命。

『以身试药』

虽然屠呦呦及其团队获得了对鼠疟原虫抑制率达100%的有效样品，但如何大量获取青蒿乙醚提取物是摆在屠呦呦面前的又一个难题。

20世纪70年代，中国的科研环境非常艰苦，实验设备十分简陋，就连实验所需的基本通风设施都无法保证。为了尽快完成使命，加快青蒿乙醚提取物的提纯速度，屠呦呦决定用民用水缸代替常规的实验提取容器进行实验。在缺乏通风设备的情况下，除了纱布口罩，没有其他防护器具的研究人员每天都要大量接触有机溶剂。经年累月，研究人员的健康受到了不同程度的影响，屠呦呦也因此患上了中毒性肝炎。可即便如此，研究的节奏从未慢下来。

进入临床试验阶段，更大的考验正在等待着她。依据结果，研究人员在个别动物的病理切片中发现了疑似毒副作用，这使得研究再次陷入困境。

深夜里，屠呦呦总是辗转反侧，一些进退两难的问题让她挣扎不已。

为什么病理切片中会发现疑似毒副作用呢？到底是药物出了问题，还是动物本身有问题？如果是后者，是否意味着可以继续推进临床试验？可万一是前者呢？关乎生命的事，可容不得半点马虎！但千千万万个生命正等着药物救命，这不也同样性命攸关吗？

如果想尽早将药物投放于临床使用，就需要尽快开展临床试验，可一时半会儿去哪里招募试药的志愿者呢？疟疾这种传染病又是季节性的，一来二去，恐怕又要错过今年临床观察的最佳季节了……

屠呦呦思来想去，似乎很难两全。突然，一个念头在她脑海中闪过。这个想法既能确保临床用药的安全性，也能解决时间紧迫的问题。

第二天，领导的桌上赫然出现了一份试药报告——作为组长，屠呦呦决定自己上，当志愿者亲自试药："我心里很着急，实在不想错过临床观察的季节，否则就要再等上一年！"

大家都对屠呦呦的选择感到惊叹，而她的勇敢与无私也很快得到了团队的响应。1972年7月，屠呦呦与另外两名课题组成员一起住进了北京东直门医院，成了该项试验的第一批"小白鼠"。经过一周的观察，在未发现存在明显毒副作用的情况下，第二批五名志愿者试用了增大剂量的提取物，均收效良好。

1972年8月，屠呦呦带着样品风尘仆仆地赶到海南昌江疟疾高发区。在努力克服恶劣天气与疾病风险的同时，她完成了21个病例的临床疗效观察，并带回了喜人的结果。

2002年，世界卫生组织在全世界范围内推广青蒿素类药物。到2014年，全球青蒿素类药物采购量已达到3.37亿人份。这组庞大数据的背后是屠呦呦领军的中国科学家团队夜以继日的无悔付出。所幸，他们的付出得到了最好的回报——全球疟疾死亡率大幅下降，上百个国家和地区的数百万人得到救治，青蒿素也因此获得了"东方神药"的美誉。

1
2
3
4
以身试药

『首位获得诺贝尔奖的中国女科学家』

2015年12月10日傍晚，瑞典首都斯德哥尔摩笼罩在夜色之中，当瑞典皇室乐曲《国王之歌》在诺贝尔大厅中渐渐弥漫开来时，屠呦呦身着典雅的紫色套装缓步登上由万朵鲜花装点的诺贝尔奖领奖台。在一众穿着黑色燕尾服的获奖者中，她显得特别而又醒目。

虽然旅途疲惫，但84岁的屠呦呦在聚光灯下依旧焕发出夺目的神采与风度。作为历史上第12位获得该项殊荣的女性，当她从瑞典国王卡尔十六世的手中接过证书与奖章时，整个会场被热烈的掌声填满。屠呦呦神色从容而又沉静，她将自己排除在一切扰攘之外，只是平静地感受着来自头顶上方的灯光。这样的温度让她感到熟悉，就好像无数个夜晚，她静坐在灯光下，被古老的医药典籍包围，专注于寻找研究的突破口一样……

屠呦呦证实了青蒿素能够在人体内有效抵抗疟原虫。这个成果能在上百个国家和地区挽救数百万正在死亡线边缘徘徊的人。面对各种赞誉，屠呦呦表现得十分平静。在让人眩晕的掌声与灯光之中，屠呦呦说：“这不仅是我个人的荣誉，也是对全体中国科学家团队的嘉奖和鼓励。”

事实上，淡泊对她而言是一种常态。早在2009年，中医研究院推荐屠呦呦参评第三届唐氏重要发展奖时，她就直接谢绝了，理由是希望将机会留给年轻人。在获得诺奖以前，她因为发现青蒿素这一首创贡献，于2011年获得了拉斯克临床医学奖。巧合的是，这两项国外大奖都是自己找上门来的，也都是中国本土科学家取得的“零突破”。在同意领取拉斯克临床医学奖时，屠呦呦说：“这是中医中药走向世界的一项荣誉。它属于科研团队中的每一个人，属于中国科学家群体。”屠呦呦更看重的是，能将我国的中医药推向世界，让更多人从中获益。

2000年以来，世界卫生组织将青蒿素类药物作为抗疟药物首选，并在全球范围内推广。截至2015年，全球疟疾死亡率下降了60%，其中5岁以下儿童的死亡率下降了65%。

除了荣誉，屠呦呦还获得了诺奖奖金，折合人民币300多万元。她将其中的200万元分别捐赠给了北京大学医学部与中国中医科学院，用于成立创新基金，鼓励年轻科研人员坚持理想，不懈奋斗。

获得诺奖后，除了家里的电话变多了，屠呦呦的生活几乎没有任何改变。她谢绝了所有的媒体采访，只希望能够在安静的环境中继续做好自己该做的事。

一生都跋涉在科研之路上的屠呦呦，不会停下脚步，毕竟前路仍长，而探索无尽。她知道，她的未来将会是过去的无限"重复"，重复寂寞、重复忍耐、重复一次又一次的坚持，因为她清楚，正是那些单调的"重复"推动着她不断前进。

聊聊梦想

我觉得屠呦呦的梦想是________________________________

为了实现梦想，屠呦呦做了什么？

____

我的梦想是____________________________________

为了实现梦想，我已经做了什么？

____

我还要做什么？

____

小链接：屠呦呦的诺贝尔奖获奖感言

在卡罗琳医学院的诺贝尔大厅，屠呦呦用中文完成了自己的获奖演讲——《青蒿素的发现：中国传统医学给世界的礼物》。她认为中医药是几千年间中华文明积淀下来的一件瑰宝，是一个取之不尽的宝库，应该得到重视与传承。

事实上，传统医药学经过千年积淀，不仅整理归纳了大量自然资源的药用价值，更积累了丰富的临床经验。在演讲中，屠呦呦将中国医药学比作一个伟大的宝库，青蒿素正是从这一宝库中发掘所得。

长期从事抗疟青蒿素的研究使她深深感受到了中医药的潜力，更看到走中西医结合、互补之路大有可为。为此，她期待未来，世界在不断发掘传统中医药宝藏的过程中，能够领略中国文化的无限魅力，大家一起携手造福人类。

袁隆平：

稻田里的守望者

我毕生的追求就是让所有人远离饥饿。

——袁隆平

人物档案

袁隆平(1930~2021),出生在北京,1953年毕业于西南农业学院农学系,毕业后长期从事农业教育及杂交水稻研究,并因此闻名世界。

作为一名世界级杂交水稻专家,袁隆平率先打破了自花授粉作物育种的世界禁区,并在“超级水稻”的基础上,提出了杂交水稻超高产育种技术路线。截至2020年,由他领衔的杂交水稻双季测产达到亩产1530.76公斤,其中911.7公斤为具有高产、抗病、抗寒特性的第三代杂交水稻。

“超级稻”研发成功在从根本上解决中国人的吃饭问题后,又对保障国家粮食安全产生了深远的意义,也为解决“世界性饥饿”这一人类生存难题,提供了更多可能。

袁隆平因此被授予“首届国家最高科学技术奖”“共和国勋章”，他的成就也得到了国际社会的认可，先后获得联合国知识产权组织“杰出发明奖”金质奖、联合国教科文组织“科学奖”、“沃尔夫奖”、“世界粮食奖”等国际奖项。

『杂交水稻的初步探索』

在2017年第十届海外高层次人才座谈会上，袁隆平以一个皮肤黝黑、着装朴实的庄稼汉形象，完成了自己长达20分钟的英语演讲。他流畅、专业的表达征服了现场所有人，也改变了人们对一个科学家的惯常印象。

其实，袁隆平出众的外语水平源于他扎实的“童子功”。从母亲那里，他学得一口流利的英语。更重要的是，母亲帮助他积累起了丰厚的人文知识，为他日后掌握国外科研动向、查阅外语资料和推进杂交水稻育种工作带来了莫大的便利。

袁隆平的童年时代是在动荡流离中度过的。他亲眼看到了被饥饿折磨的同胞，贫弱的祖国让他萌发了学农报国的想法。正是怀揣着这份初心，他在大学时代就开始摸索农作物增产方式，以过人的耐力与决心，向着未知进发。

事实证明，袁隆平的坚持是对的。一次十分偶然的机会，身在偏远山区农校里的袁隆平从报纸上获得了一条至关重要的科技信息——DNA遗传密码破译。这个发现使人类进入基因时代，也意味着人类可以改变生物的遗传信息，有效取得有利于人类的生物性状。袁隆平意识到，改变水稻原有的基因信息以提高产量的想法，或许可以成真。

实际上，当时国内的科技水平还相当落后。而在国外遗传育种技术在杂交玉米、杂交高粱等作物上已得到广泛的应用。袁隆平感到利用杂种优势提高水稻的产量，似乎也可以走得通。为此，袁隆平果断放弃此前以改良品种、创新品种使水稻增产的思路，转而进行杂交水稻研究。

大学毕业后，袁隆平来到安江农业学校，在那里教授植物学、作物栽培及遗传育种等课程。课堂里的五尺讲台上，他是授业解惑的师长；课堂外的稻田深处，他是求知追梦最渴切的学子。袁隆平一辈子都在坚持工作。直到晚年，他仍然每天都要去察看他的杂交水稻实验品种。

水稻是一种喜光作物。在充分沐浴来自大自然的光与热之后，水稻抽穗、扬花、灌浆，最后成熟。

袁隆平匍匐在大地上，虔诚地倾听稻穗的每一次呼吸。每每遇见长势较好的水稻，他就会手持放大镜，靠过去。虽然地面高温、稻芒尖锐，但他已经忘了自己，在仿佛没有尽头的过程中，一次次靠近生命幽微的奥秘。天长日久，袁隆平的皮肤越来越黑，人也变得越来越瘦。当人们开始议论和惋惜他一次又一次的无功而返时，只有他自己知道，成功在一步步靠近。

1961年7月的一天，袁隆平和往常一样，下课后就一头扎进了农校的水稻试验田里。那一天并不特别，无论是光照的角度还是脚底的触感，都与往日无异。当天边的云彩烧成他心底的火红时，他知道这一天又要结束了。正当他准备转身离开的刹那，就那一秒，仿佛完美地与他遇见遗传理论的瞬间叠合在了一起。眼角的余光，瞥到了令他惊喜的一幕。

他快步蹚过去，顾不上飞溅起来的水或泥浆。他听见自己心如擂鼓，他用力睁大眼睛。柔和的天光下，一株形态十分特别的稻株被他的目光牢牢地锁定了。那株水稻稻穗长，且谷粒饱满。袁隆平迫不及待地数了数谷粒的数量——230多颗！一般的稻株可能还不及它的一半多！如果把它作为种子，那不就可以先拿下增产一倍的目标了吗？这个发现让袁隆平兴奋不已。他当即小心翼翼地将这些种子保存起来，以待来年春天用试验来验证自己的想法与猜测。为了纪念这个重要的时刻，袁隆平还为这棵稻株取了个名字——鹤立鸡群。

这一年的冬天对袁隆平而言似乎特别漫长。第二年春天，满怀期待的他将“鹤立鸡群”播种到试验田里，每日悉心呵

我是“90后”资深帅哥

护。最终的结果却让他大失所望。他并没有如预期的那样等来更多的“鹤立鸡群”。面对试验田里长得参差不齐的水稻，袁隆平沮丧极了，只感到一股凉意从他的脚底直冲脑门。这凉意让人绝望，却又叫人清醒。

按照基因分离定律来看，自花授粉的水稻是不会出现分离现象的。也就是说，这种水稻的后代在外形上不该与它们的“父母”差异这么大。除非这些“鹤立鸡群”二代是杂交水稻的后代。这么说来，“鹤立鸡群”一代就很可能是袁隆平要找的天然杂交水稻了。

虽然没有十足的把握，但袁隆平并不在意，就像他并不在意外界的质疑，始终坚持自己的研究一样。既然已经证实了天然杂交水稻存在的可能性，那么他就离目标——培育人工杂交水稻，又更近了一步。

接下来，他要做的就是找到天然雄性不育株。一旦找到这棵雄性器官功能丧失的稻株，下一步就可以利用这种自然现象与规律，选用遗传基因更为优异的品种取而代之，从而利用杂种优势，得到产量高、品质佳的稻米了。

然而这些终归只存在于袁隆平的想象中，要将这些美好的愿景变成现实，当务之急是尽快找到天然雄性不育株。要在茫茫稻海中找到它谈何容易？经测算，在一片普通的稻田里找到天然雄性不育株的概率大约是三万分之一，甚至是五万分之一。这样的难度，无时无刻不考验着科学家的体力与毅力，以及对科学无悔的追求与信仰。

自1961年袁隆平发现“鹤立鸡群”，时间一晃就过去了四年。1964年的夏天，经历了近1500天的寻觅，稻田里的袁隆平依旧严谨、沉静而又从容。转眼入夏已半月有余，天然雄性不育株依然没有现身。袁隆平尽可能地靠近每一棵稻株，放大镜的反光一次次模糊了他视线的焦点。他下意识地揉了揉眼睛。当眼前的一切再度清晰起来的时候。他的心跳突然快了起来。这种感觉既熟悉又陌生，熟悉是因为难忘，陌生则是因为等待了太久。他竭力克制自己的激动之情，小心翼翼地贴近那棵性状特异的稻株，近一点，再近一点！这不就是他花了四年时间寻找，心心念念寻找的天然雄性不育株吗？

这一刻的意义不言而喻。一直陪伴在袁隆平身边的妻子邓则眼含热泪，激动地在观察笔记上记录下这值得纪念的时刻。这一刻的到来，意味着袁隆平将真正开启中国的水稻雄性不育研究。

『超级稻诞生』

在袁隆平发现那粒神奇的种子，又独创“两系法”杂交水稻后，所有人都以为袁隆平将选择功成身退，可他却已经牢牢地锁定了下一个目标——超级稻！

超级稻，顾名思义就是超高产水稻。事实上，针对超级稻的研究，国际上早已大步迈开。相比中国，虽然一些国家无论是在技术上，还是设备上都占有较大优势，但始终无法突破水稻亚种生殖隔离的技术难题，以致研究一直裹足不前。尚未解决的问题成了袁隆平前进的强大动力。

使命感、危机感，加上探索科学无止境的人生追求，使退休这个选项从来都不在袁隆平的考虑范围之内。有志者负重致远，耄耋之年笑称自己是“90后”，袁隆平不服老更不服输，他的目标远不止功成名就。他期待的是通过中国的科技腾飞与世界合作互助，从而帮助更多发展中国家解决粮食问题。1996年，农业部正式开启中国超级稻育种计划，为期十年。

要培育超级稻，解决生殖隔离这个技术难题是关键。日本科学家池桥宏曾提出“水稻广亲和现象”。“水稻广亲和现象”指的是，寻找两个水稻亚种间的中间型，充分利用其“亲和基因”，使之可与任何一方杂交、结实，从而打破水稻亚种间杂交的生殖隔离壁垒。举个例子，在一个大家庭里有多个孩子，他们纵然都与父母亲有着割不断的血缘联系，但也会在外貌、性格等方面不同程度地继承父母亲的特点。在他们中，或许会有这么一个孩子，同时符合父亲的特点又能贴近母亲的样子。袁隆平下一步研究的重点就是要找到这个同时与父亲、母亲相像的“孩子”。

寻找对袁隆平而言是一件再平常不过的事。这一次，他又要去广袤的稻田中，寻找那个属于他的奇迹时刻。

中国疆域辽阔、物产丰饶，想要建立特性各异的水稻广亲和谱系虽然绝非易事，却也有着得天独厚的优势。经过严格的筛选和研究，袁隆平及其团队终于又攻克了一道遗留已久的难题——打通水稻亚种间的杂交生殖隔离壁垒。

又一次获得重大突破以后，袁隆平决定继续自己的研究。这一次，他要改良的是水稻的株型。因为光利用杂种优势显然还不够，只有株型高大的水稻才能负荷超级稻的重量，经受病虫害及极端天气的考验。

幸运的是，寻找理想株型的过程相较以往缩短了不少。

类似的高光时刻似乎频频出现在袁隆平的生命中，其实它们的到来有着必然原因。只有日复一日不厌其烦地积累、观察与实验，平和地接受失败与质疑，才能在灵感到来的瞬间，自信、从容、坦然地伸出双臂，迎接这些欣喜时刻。

为了向生产一线的农民推广先进的技术与理念，袁隆平将超级稻的理想型概括为一段朗朗上口的口诀：高冠层，矮穗层，中大穗，重心低，库大而匀，高度抗倒。

熟悉袁隆平的人都知道他的生活有“三快”，即吃饭快、走路快、行动快。因为他时时都沉浸在时不我与、只争朝夕的紧迫感之中。他明白，只有足够快，才能挤出更多的宝贵时间，用于攀登下一座科学高峰。对他来说，只要还能继续研究，他就拥有攻克一切难题的无限可能。

2014年秋天，超级杂交稻育种计划迎来了第四次大考，很多人都关心袁隆平是否能够续写他的水稻神话。

袁隆平的杂交水稻从亩产五百多公斤、六百多公斤、七百多公斤……终于到了亩产一千公斤！提前六年，由袁隆平领衔的中国科学家团队，完成了超级杂交稻第四期亩产一千公斤的伟大目标！

现场被热烈的掌声填满了，袁隆平及其团队再次被溢美之词淹没,但他并不在意这些。人群中,他仔细留意着老百姓的反应。一个与他年龄相仿的老农民激动地表示,自己种了一辈子水稻,第一次见到这么好的品种。听到这句话,袁隆平才稍微松了一口气。

大家都沉浸在见证奇迹的兴奋中,甚至有当地的农民为袁隆平送来了一块奖牌,上面郑重地刻着“天降神农,造福人类”八个沉甸甸的字。见到这块奖牌,袁隆平不禁皱了皱眉头。对于称神,他不以为然,更觉得言过其实,但对于老百姓这份发自内心的认可,他还是感到满足而又自豪。这股快乐而又自豪的劲儿里又渗透着动力,催促他继续向前。袁隆平知道,这不会是他的终点。因为在他的耳边,下一段征途的号角,已呜呜响起……

几十年来,袁隆平将大自然隐藏的密语通过严谨的科学研究带入千家万户,成为每一个中国人每日劳作之后,温暖而又幸福的期盼。

聊聊梦想

我觉得袁隆平的梦想是____________________

为了实现梦想,袁隆平做了什么?

____

我的梦想是________________________________

为了实现梦想,我已经做了什么?

____

我还要做什么?

____

小链接：不可忽视的粮食安全

随着生活水平的不断提高，食不果腹的日子距离当代人已经越来越遥远，困扰大家更多的恐怕是该选择哪一种食物。年轻一代甚至已经无法想象父辈们经历过的艰苦岁月。

事实上，饥饿离我们并不远。据联合国粮农组织估计，截至目前，世界上仍有近8亿人口饱受长期营养不良所造成的困扰，而这些人口主要分布在亚洲、非洲等发展中国家和地区。

那么，究竟是什么原因使饥饿的阴霾始终笼罩着他们呢？首先，贫穷加剧了饥饿。这些国家的人民无力购买粮食，更无力改善自然、技术等原因造成的粮食短缺，最终陷入饥饿与贫穷的恶性循环；再者，食物浪费问题也贯穿于生产、分配、消费的每一个环节，每年全世界浪费的粮食总量足以供给这些饥饿的人。

要帮助更多的人远离饥饿，既需要像袁隆平及其团队一样的科学家不断突破极限、创造奇迹，也需要我们每一个人珍惜如今衣食无忧的生活，从每一餐饭做起，节约粮食，杜绝浪费。

国外篇

阿基米德：

数学天才的科学发明

人生最大的烦恼不是选择，而是不知道自己想要什么，不知道到了生命的终点，自己想有些什么人在身边！

——阿基米德

人物档案

阿基米德(Archimedes,公元前287~公元前212),古希腊数学家、物理学家,享有“力学之父”的美誉,与高斯、牛顿并称为“世界三大数学家”。

他年轻时曾求学于亚历山大。他发现了静力学、流体静力学的基本原理;证明了物体在液体中所受到的浮力等于物体本身所排开的液体所受的重力,即阿基米德原理;发明了引水用的水螺旋(即阿基米德螺旋提水器)、杠杆轮滑机械以及可以反映日食、月食现象的天体运动模型;给出了多个几何求解的方法。他为后世数学、物理学科的发展奠定了基础,也为人类社会的不断进步做出了卓越的贡献。

『给我一个支点，我就能撬动地球』

相传，古希腊城邦叙拉古的希艾罗国王是一个做事相当务实的人。在看到眼前所发生的一切之前，他一直以为阿基米德只不过是一个有那么点才华却又狂妄自大的年轻人。那么，这个年轻人到底有多自大呢？连向来惜才的国王都对他心生反感。原来，阿基米德曾大言不惭地告诉他的国王："只要给我一个支点，我就能撬动地球。"

国王还记得自己听到这句话时的心情，震惊之余更多的是愤怒，故而他当即要求这个年轻人马上向他展示他的说法。可阿基米德却告诉他，撬动地球仅是对杠杆原理更为大胆的推论，如果想让这个说法成真，就必须在地球上找到一个足以构成杠杆的支点以及一根足够长的杠杆。希艾罗国王对阿基米德的说法颇为不屑：既然不能用于实践，空想的理论又有什么意义呢？

那天，他们不欢而散。阿基米德没有想到的是，自己很快就等来了验证自己说法的机会。

希艾罗国王命令工匠造了一艘大船。这是一艘长约45

米、宽约6米的庞然大物。工匠们用了整整一年的时间才完成造船的全部工序。船造好了，问题也紧随而至。原来，就在船准备下水的那一天，当工匠们敲去搁在船底的所有垫木时，这艘船因为实在过大过重，竟然趴在原地，纹丝不动。无论多少人使出多大的力气都不能将它撼动分毫。有人想了个办法，用多条粗绳绑在船上拖动大船入水，可是也没能成功。这下希艾罗国王犯愁了。如此精工的巨制如果不能下水，岂不就沦为华美的摆设？这岂不是天大的浪费吗！

面对这个难题，希艾罗国王和他的臣子们均束手无策。直到有一天，国王突然想起来，曾有一个狂妄的年轻人说自己可以撬动地球。既然能够撬动地球，那么区区大船又何足挂齿呢？虽然希艾罗国王对阿基米德的言论疑虑重重，但与其干等，不如死马当活马医，或许还能有一线希望。

希艾罗国王派人请来了阿基米德，并把自己的意图告诉了他。没想到阿基米德十分爽快地答应了他的要求，还自信满满地表示一定能送船下水。希艾罗国王虽然将信将疑，但还是决定让阿基米德试一试，并承诺说，如果大船能够顺利入海，就令城邦里的所有人从此听从阿基米德的吩咐。为了报之以对等的诚意，阿基米德则发誓：如果自己没有成功，他甘愿离开故乡、放逐自己，重新去学习知识。

阿基米德和国王的约定很快传遍了城邦的大街小巷。在国王和他的子民翘首期盼奇迹的时候，阿基米德忙于着手设计、制作完成任务所需的装置。很快，他就完成了一套同时具备滑轮与杠杆的机械装置。

很快就到了阿基米德和国王约定的日子。这天天气不错，前来海岸边观看的人们将码头围了个水泄不通。大家都期盼着阿基米德能够兑现诺言，完成这个几乎不可能完成的任务。

阿基米德早早地来到了现场。只见他指挥团队先在船的两侧架起若干粗壮的木桩，又将一个轮轴固定在甲板上，随后又通过粗长的缆绳将轮轴、滑轮组及大船相连。滑轮组的另一端还有一段闲置的缆绳，似乎在等待着阿基米德的工作指令。

反复检查完毕后，只等希艾罗国王到来了。

阿基米德面前的国王看上去疑虑重重。阿基米德却并不介意，他只是将闲置的那一段缆绳交到希艾罗国王的手中，告诉他，只要他用双手用力拉动缆绳，奇迹就会发生。

码头上的人目不转睛地盯着眼前的一切，生怕错过任何一个细节。虽然疑窦丛生，但希艾罗国王还是照着阿基米德的指示拉动了手中的缆绳。

“动啦！船动起来啦！”只见大船在整个装置的牵引下，十分轻松而又稳当地离开了造船架，缓缓滑进了大海。

眼前发生的一切叫人难以置信，好像施了魔法一样神奇。围观的人们情不自禁地欢呼起来。大家相互拥抱，像是在庆祝某个重要的节日一般。国王的脸上也露出了欣喜的笑容。他当即兑现自己的承诺，下令城邦里的每一个人从此都要听从阿基米德的吩咐。

面对眼前的一切，希艾罗国王不自觉地又想起了阿基米德曾对他说过的那句话：给我一个支点，我就能撬动地球。其中自然不乏少年人意气风发的轻狂。除此之外，还有一个热爱科学的年轻人探索科学、未知世界的无限热切与自信！

『国王的王冠』

希艾罗国王是一位勤政、仁爱且有所作为的伟大君王。在他的治理之下，城邦井然有序，百姓安居乐业，他也深受百姓的拥护和爱戴。每年，为了感谢神明对叙拉古的庇佑，希艾罗国王都会举行盛大的典礼来祭祀神明，并邀请城邦里的所有人及外宾共襄盛举。

这一年，希艾罗国王不仅要像往年那样举办隆重的祭祀盛典，他还想拥有一顶用金子打造而成的王冠，并在典礼上佩戴它。国王的提议获得了大臣们的一致认可。大家还为国王找来了城邦里手艺最为精湛的金匠，来为他们爱戴的国王打造最为精美的王冠。

这位手艺精湛的金匠带走了国王给的黄金，并信誓旦旦地承诺将在约定的期限内完成任务。金匠果真没有食言，他依约按时制成了王冠，且制作得十分精美。国王对此十分满意。他接过王冠，小心翼翼地将它戴在自己的头上，看着镜子里金光灿灿的王冠，脑海里忍不住想象起祭祀典礼当天的盛况。赞叹之余，他下令重赏这位金匠，以表示对这位金匠高超技艺的赞许。

但国王的快乐并没能持续太久。一天，一位大臣来到国王面前，面露难色地告诉他敬爱的国王。坊间关于国王王冠的传闻已不胫而走，大家都在传说国王头上的王冠并非足金的，里面可能还掺了别的金属。因为有人看到金匠将王冠交给国王后，金匠的手中竟然还留有一块金子。听到这个消息，希艾罗国王的眉头紧皱了起来。这顶用于祭祀典礼且代表着他治国功绩的王冠,竟然不是实打实的纯金,这岂不要叫人笑话,或许还会让他的能力被人质疑。希艾罗国王越想越气愤,即刻命人将金匠带进皇宫,当即质问他事情的真相。

谁知那个金匠在大殿上非常从容,一口咬定自己制作的王冠重量与国王给的那块金子一模一样。为了证实这个说法,国王叫人取来天平,重量果然和交给他的金子相同。

希艾罗国王虽然一时间没办法找到破绽,但他坚信,百姓的议论绝不会是空穴来风。即便最后的重量一致,在制作王冠的黄金里掺入别的金属也是可以的,但怎么才能证明金匠偷留了一部分金子呢?对此,国王一筹莫展。

就在事情陷入僵局的时候,国王突然又想起了那个大声说过"给我一个支点,我就能撬动地球"的年轻人。于是,他命人将这个难题带给了阿基米德,并相信这个可以将大船送入大海的科学家,一定也能解除自己内心的疑虑。

然而,事情并没有想象的那么顺利……

阿基米德一手托着王冠,一手托着与王冠一样重的金子,陷入沉思。虽然眼下已经清楚,物体的重量并不能作为解决事情的突破口,那么物体的体积呢?如果两者都是纯金的,相同的重量势必会是相同的体积。于是,问题变成了如何正确测出这两个物体的体积。要想知道金块的体积并不是什么难事,但在不破坏王冠的前提下,要准确计算出工艺繁复的王冠的体积,可就不是一件简单的事了。

为了尽快解决国王交给自己的难题,阿基米德无时无刻不在计算,甚至到了废寝忘食的地步。他走路也想,吃饭也想,甚至做梦的时候,都不由自主地想要计算出正确的答案。

一天,正在洗澡的阿基米德终于等来了灵感。

当阿基米德跨进浴盆后,大量的水随着他的动作溢出浴盆。这时他突然想到,那部分水之所以被排挤出去,是不是因为他的身体占据了原本容纳水的那部分空间呢?于是,他跨出浴盆,又跨了进去。这次,水没有再溢出来。

如果真的是这样,那么刚才进入水中的假设是一块重量和他一样的金块,就不会溢出那么多水了。因为人与金块的密度不同,金与银的密度也不同……

"我找到了!我找到了!"阿基米德顾不上穿衣服,就从浴盆里跳了出来。他裹上一条浴巾,就向王宫跑去。他迫不及待地要把自己最新的发现告诉国王。

来到王宫,阿基米德请国王将大臣和金匠一起传召到大

我找到了！
我找到了！

殿上来,同时取来三个装满水的陶罐,并将这几个陶罐放进三个大盆。

当人们聚齐后,阿基米德分别将王冠、与王冠相同重量的金子及白银投入三个陶罐中,并将从盆子里收集到的溢出陶罐的水分别倒入三个一模一样的杯子里。没有人知道阿基米德这么做的用意,但所有人都屏住了呼吸,等待他的解释。

“尊敬的国王陛下,此刻我手中的水杯里所盛的水的体积,就是您交给金匠的黄金的体积。”他举起其中的一个水杯,不紧不慢地解释,“而这一杯水的体积就是与黄金重量相同的白银的体积了。”众人看了看阿基米德手中的杯子,面面相觑。阿基米德接着说:“很显然,金块的体积最小,而白银的体积比同样重量的金块大不止一倍。”

“那么,我们再看王冠……”他晃了晃第三个水杯,这杯水的体积介于黄金和白银之间。答案已经十分明显。金匠给国王制作的王冠并非纯黄金的,而是掺进了别的金属,因此虽然重量相同,体积却不同。由于王冠形状不规整,仅仅凭借肉眼,无法看出它们在体积上的差异。

听了阿基米德的解释,在场的人都目瞪口呆,就连劣行败露的金匠都不得不佩服阿基米德的智慧。

聊聊梦想

我觉得阿基米德的梦想是＿＿＿＿＿＿＿＿＿＿＿＿＿＿＿

为了实现梦想,阿基米德做了什么?

＿＿＿＿＿＿＿＿＿＿＿＿＿＿＿＿＿＿＿＿＿＿＿＿＿＿

我的梦想是＿＿＿＿＿＿＿＿＿＿＿＿＿＿＿＿＿＿＿＿＿

为了实现梦想,我已经做了什么?

＿＿＿＿＿＿＿＿＿＿＿＿＿＿＿＿＿＿＿＿＿＿＿＿＿＿

我还要做什么?

＿＿＿＿＿＿＿＿＿＿＿＿＿＿＿＿＿＿＿＿＿＿＿＿＿＿

小链接:阿基米德之爪

公元前3世纪,在阿基米德的故乡叙拉古,统治者为避免自己的城邦沦为古罗马与迦太基多年鏖战的牺牲品,终于下定决心独立,与古罗马划清界限。但好景不长,在攻克迦太基后,那些先后叛变的小城邦再次成为罗马人的眼中钉。叙拉古同样不能幸免,一时间硝烟弥漫、生灵涂炭。

为守护自己的故乡,阿基米德想到了自己的拿手好戏。他利用杠杆原理制造了一种用于战争的起重机,被戏称为“阿基米德之爪”。它可以用来掠过城墙抓举及破坏罗马人的战舰。罗马人想到了将大型战舰捆绑在一起战斗的应对方法,但阿基米德随即就用巨型投石器还以颜色。此外,他还设计出能够万箭齐发的巨型弩机,又利用镜面聚光的特性烧毁了无数敌舰船帆,一时竟令强大的敌国束手无策。

两年时间转瞬即逝,长时间的拉锯战终于耗尽了叙拉古人的耐心,分歧首先在城邦内部出现。祭神节上,一个罗马士兵趁乱混进叙拉古城,残忍杀害了毫无防备、专注研究的阿基米德。

这场旷日持久的抵抗在那一刻戛然而止。虽然阿基米德沦为罗马士兵剑下的亡魂,但他卓著的功绩令强大的敌人不得不放下曾经的仇恨,为他立碑致敬。

麦哲伦：

改变历史的航海探险

正因为人类的伟大功业远远胜过普通的俗事，它们因此包含着某种不可理解的因素。但也因为完成了不可想象的壮举，人类又获得了对自己的信心。

——斯蒂芬·茨威格

人物档案

麦哲伦(全名费迪南德·麦哲伦,葡萄牙语为Femão de Magalhães,1480~1521),葡萄牙探险家、航海家。他出生在葡萄牙北部波尔图的一个破落的骑士家庭,成年后在跟随远征队前往非洲、印度、马六甲等地的殖民活动中,积累了丰富的航海经验。

1517年,麦哲伦向葡萄牙国王申请组织船队远航失败后,来到了西班牙塞维利亚。几经辗转,他终于如愿组织起了一支由五艘航船组成的船队,并于1519年率领船队开启了环球航行之旅。

在此期间,他先后横渡大西洋,穿越美洲,还给太平洋命名。在经历断水、断粮、狂风大浪、海盗袭击等危机后，他和船队抵达亚洲。不幸的是，最终麦哲伦在菲律宾死于部落冲突。船队在他死后继续向西航行，历时三年，绕地球一圈，于1522年回到西班牙，完成了人类历史上的第一次环球航行。

此次环球航行并未给西班牙国王带回任何财富，这一度让麦哲伦成了“罪人”。直到随船队同行的水手皮加费塔将自己的航海日记出版后，世人才认识到此次远航的意义及麦哲伦的价值。

『热爱冒险』

1515年，本想在战场上建功立业的麦哲伦，因为被长矛刺伤了脚，不但没能功成名就，反而不幸成了一个瘸子。但麦哲伦并未就此消沉。脚部的残疾并不能阻止一颗勇敢的心去开拓生命的疆土。在那个无数勇士向着大海前赴后继的时代，虽然上帝关上了他的门，他却选择奋力推开那扇紧闭的窗，直到自己能够看见碧波万顷、狂澜如怒的海上世界。

当时哥伦布已经发现了美洲新大陆，达·伽马也从印度返航并带回了众多的东方财富。向来热爱冒险的麦哲伦，也跃跃欲试。作为“地圆说”的拥趸，他的理想不仅仅是扬帆远航，抵达布满黄金与香料的梦土——亚洲。他想，自己的步子或许可以跨得更大一些。如果能够实现环球航行，那地球是圆的不就不证自明了吗？

麦哲伦所在的时代，人们还无法从高空观察这个孕育人类生命的蓝色星球，到底是圆的还是方的。但仔细观察，人们不难发现一些奇怪的现象。例如在海上航行时，如果远处有船只驶来，我们总是首先看到桅杆而非船头。这让人怀疑地球不是平的。可是既然地球不是平的，那为什么我们看见的地面却是平的呢？今天，我们知道，每一个人对地球而言只是沧海一粟、渺如微尘，而人类目光所及之处又过于狭小，这段距离的弧度对肉眼来说是感受不到的。故而，我们日常看到的地面都是平的。17世纪的麦哲伦不可能有这种认知，但他决定用自己的智慧与勇气，找到这个问题的终极答案。

要让梦想成真，仅仅怀有一腔热血是远远不够的。若得不到皇家的支持，这个奢侈的计划只能是水中月、镜中花。所以，当麦哲伦第二次遭到葡萄牙国王冷漠的拒绝后，他于1517年10月前往西班牙塞维利亚，继续寻找希望。开启环球航行的那一天，麦哲伦已经等待了太久太久。与葡萄牙国王相反，西班牙国王极度渴望开辟通往亚洲的新航线，从而拿下领先于葡萄牙的香料生意。这就成了摆在麦哲伦面前的一个绝佳的机会。

西班牙国王——查尔斯一世就是帮助麦哲伦实现梦想的最佳人选。

在迎娶迭戈·巴尔博扎的女儿后不久，麦哲伦如愿进入王宫觐见西班牙国王。虽然，在富丽堂皇的宫殿里，眼前这位瘸脚男子并没有使年轻的国王提起半点兴趣。但在他自信地向国王展示了一个用皮革制作、手工绘制的精美地球仪后，国王的热情被点燃了。这位国王没想到，他一直在找寻的那位勇敢的船长，就是眼前这个其貌不扬的人。

麦哲伦指着自己制作的地球仪，细致而又饱含深情地向国王介绍了自己的航行路线及计划："尊敬的国王陛下，我的计划是一路向西，到达亚洲。我知道这听起来似乎没什么，但向西渡过大洋，我们就将开辟出一条完全绕开葡萄牙水域的航路，从而打破眼下所有的航行限制！"

每每谈到这些，热情洋溢的麦哲伦就像是会发光一样。他的计划格外诱人，年轻的国王一下子就被他的热情与勇敢所折服，同意资助他组建船队并担任船长。为了让麦哲伦干得更卖力，国王还与他签订了一份契约："我的勇士，我在此向你承诺，你将可以出任你所发现的所有岛屿的总督，倘若发现的岛屿总数超过六个，那么其中两个归你所有。除此之外，远航所得收益也将有你的一份。"

只要远航成功，麦哲伦就将从一个名不见经传的跛脚士兵变成欧洲大陆上的航海勇士。如果实现了环球航行，那么这次远航的意义将超出任何财富的价值，甚至在人类文明的历史上留下浓墨重彩的一笔。

麦哲伦深深地凝望着地球仪上那条清晰的航线，那是一条穿越大西洋、绕过南美洲大陆，继续向西穿越“大南海”，再驶向亚洲之珠摩鹿加群岛[①]的轨迹。望着它，他仿佛看见了蔚蓝色的海洋时而平静，时而汹涌；他好像已经站在了甲板上，风振帆悬。岸上的景色渐渐远了，而他也终于离开了令他失意的伤心地。

『面对一切的勇气』

得到了国王的支持，麦哲伦的远航计划才不过刚刚迈出第一步。想要征服喜怒无常的大海，光有勇气可不行。为此，麦哲伦制订了十分周密的远航计划。麦哲伦展示出自己勇猛之外的另一面：缜密、耐心且沉着。

首先是船。他不仅为五艘陈旧、破损的老船找来了工匠，将它们修补完好，更为它们即将开始的征程，找到了最合适的船长。其中那艘名叫“特立尼达”号的船则将由他亲自指挥。在他看来，这些外形破损的“老东西”实际上和自己并没有多

①摩鹿加群岛：印度尼西亚东北部的群岛，古时即以盛产丁香、豆蔻、胡椒而闻名，曾被称为香料群岛。

大区别。麦哲伦因其貌不扬而被弃如敝屣，但这些都不能熄灭他胸腔里那团熊熊燃烧的理想之火。

除了航船，麦哲伦要张罗的事情还有很多，有航行必备的航海图、罗盘，支撑这次航程的食物、工具，以及万不得已时要使用的作战武器，还要准备大量产于欧洲的商品，用来跟目的地原住民交换黄金与香料。事务繁杂，麦哲伦却乐此不疲。在完成了近三百名船员的招募工作后，可算是万事俱备了。

就在麦哲伦紧锣密鼓地准备这一切的时候，葡萄牙却在想方设法阻挠这场远行。船队能否顺利起航成了未知数。事实上，船员中不乏对麦哲伦的叛逃者身份感到十分不满的人。有人甚至打算暗中煽风点火，拿麦哲伦的身份说事，企图搅黄这次伟大的航行。

一个晴朗的日子，工匠们正在“特立尼达”号上工作。突然有人大喊起来：“无耻至极！竟胆敢在西班牙的国土上公然升起葡萄牙国旗，难道是想侮辱我们吗？果然是叛徒才会做出来的事！”

码头上的人们立刻炸开了锅。有些人聚在一起议论纷纷，有些人在煽动下加入了辱骂、声讨麦哲伦的行列，更有甚者竟想攀上桅杆，将旗子扯下来。场面渐渐失控，甚至引来了警察。原本在船上忙着监督工匠的麦哲伦闻声赶过来:“误会! 误会!”

麦哲伦从一些船员口中了解了事情经过后,很快弄清了事情的始末。他并不感到意外,沉着而耐心地解释说:“警察先生,事情并非像您看到的那样。”

冲突中的人们看到麦哲伦来了,渐渐停了下来,也想听听他的解释。

“事实上,为了保证在即将开始的航程中始终让西班牙的国旗飘扬在蔚蓝的大海上。今天上午,我命人将它取下来保存好了。此刻,您看到的这一面并非葡萄牙国旗,而是我的海军上将旗。悬挂它是为了鼓舞士气,为我们的船员鼓劲。”

见警察还有些将信将疑,麦哲伦又补充说:“我想,一定是有好事者企图毁掉我们辛苦准备的一切,但这并不重要。重要的是这次伟大的航行夭折了,毁了尊敬的国王陛下的期望,那可就糟糕了……”

听到这里,警察们似乎也意识到事情的严重性,开始驱赶原本聚集在“特立尼达”号周围的人群。那几个挑起事端的人则隐没在人群中,用不甘而又怨毒的眼神凝视着麦哲伦。

见人群散去,麦哲伦终于松了一口气。他心里知道,眼前的困难，对即将开始的航程而言实在不值一提。开弓哪有回头箭？他早就准备好了面对一切！

1519年9月20日，这支人员构成复杂、装备简陋的船队从西班牙塞维利亚外港桑卢卡尔扬帆，开始了漫长的环球航行。道阻且长，但从踏上“特立尼达”号的那一刻起，麦哲伦的目光始终凝望着东方，那里有他心驰神往的神秘国度。

『发现麦哲伦海峡』

在无边无际的大海上“流浪”了整整70天后，麦哲伦以及他的船队还在苦苦地寻找着那条沟通“大南海”的通道。尽管大海的另一边或许有无尽的荣耀与财富，但在此之前，麦哲伦不得不先面对大海的变化无常。

船队自1519年9月从塞维利亚外港口出发，向南寻找直达摩鹿加群岛的海峡。这支船队就迅速被深海裹挟，漂向未知的远方。他们先后途经西班牙以南的加那利群岛，又通过大西洋来到赤道，不断向着南美洲航行而去。麦哲伦和他的团队经受过狂风暴雨的洗礼，也遭遇了叛变和暗杀。好在每一次都能够逢凶化吉。可要到达此行的最终目的地，麦哲伦和他的船队还将经历更为漫长而艰险的旅程。

长期在漫无边际的大海上漂泊，让越来越多的船员开始渴望陆地、渴望归程。在巴西度过一段修整期之后，麦哲伦下达了继续向南航行的命令。

航行起初风平浪静，可是到了1520年2月，随着航程一路向南，天气也变得越发寒冷（南半球的冬天一般从每年的4月持续到9月）。当一座座冰山出现在眼前时，麦哲伦突然意识到，周遭的寒冷绝非只是季节所致。那时的他们并不知道自己已经来到了南极洲附近。这是一条欧洲人从未涉足的航线。寒冷与恐惧使得船员们放弃前行的情绪格外强烈。渐渐地，恐惧将船员们的意志吞噬殆尽，他们公然责问麦哲伦："你就是一个疯子。哪里有海峡？海峡在哪里？"

"对！根本没有海峡，你只是想拉着我们替你的疯狂垫背罢了！"

"不要再听他的了，我们改道往东走，说不定还有生路！"

面对众人的攻讦，麦哲伦显得十分沉着，因为他明白眼下的遭遇根本不足挂齿。但为了稳定军心，麦哲伦必须做些什么。他充满自信地告诉大家，海峡就在前方，继续向南才是唯一的方向。为了平息大家的抗议，他开始和大家一起干活，甚至亲自掌舵，不眠不休也在所不惜。

一眨眼，又是几个星期过去了，海峡依然没有出现，而环境却变得更加恶劣。铅灰色的天空下，高耸出水面的冰山多起来，船队不时遭遇雨雪冰雹。大家在狂风暴雨中瑟瑟发抖，就连船帆都冻住了。麦哲伦知道在这样的环境中一味与自然对抗是徒劳的，只会损兵折将，进一步扩大船队的损失。于是，他命令船队驶进位于阿根廷的圣胡利安港休整，直到8月才重新出发。

在经历了一段并不平静的航行后，船队驶入了一片蓝绿色的海湾。直觉告诉麦哲伦，眼前的美景或许将为他们的航行打开新的局面。他马上下令，由“康塞普西翁”号和“圣安东尼奥”号两艘船做先锋，向西探查海湾的通路。谁知船刚出发，一阵风暴突然席卷而来，麦哲伦所在的“特立尼达”号险些沉没。风暴终于趋于平静后，意外再度降临……

“康塞普西翁”号和“圣安东尼奥”号在风暴中失踪了。这使得一向自信、勇敢的麦哲伦也陷入了绝望。剩下三艘航船又茫然航行了三天。当所有人都感到心灰意冷的时候，突然有人高声喊叫起来。麦哲伦循声望去，只见“康塞普西翁”号和“圣安东尼奥”号正向他们驶来。

太平洋
哪一天我们才能过上太平日子啊？

两艘船的回归使得整个船队士气大振。麦哲伦赶紧带领船队穿过一个又一个海湾，直到他们抵达了南美洲南端的海峡。船员们热烈地欢呼起来，他们唱着跳着，将深海、高山染成喜色。站在甲板上的麦哲伦却显得非常平静，因为他内心深处一直坚信，这一刻迟早会来。

他们的发现也意味着确实存在着一条由南美洲最南端向西，继而直达摩鹿加群岛的航线。绕过南美洲向西的这片大洋，被麦哲伦及其船队命名为“太平洋”。那条曾被麦哲伦命名为“万圣”的海峡，则被今天的人们称为“麦哲伦海峡”。

聊聊梦想

我觉得麦哲伦的梦想是____________________

为了实现梦想，麦哲伦做了什么？

____

我的梦想是__________________________

为了实现梦想，我已经做了什么？

____

我还要做什么？

____

小链接：环球航行为什么能成功？

要完成人类历史上第一次环球航行仅仅依靠麦哲伦的航海经验及勇气，是否足够呢？答案当然是否定的。

要跨出人类历史上里程碑式的这一步要具备很多条件：第一，以麦哲伦为核心的航海团队要对“地圆说”深信不疑，只有相信地球是圆的，环球航行才有可能开始；第二，资本主义的不断发展，在扩大商品交换类别及范围的同时，也使得造船技术有了长足的发展，而中国人发明的指南针经由阿拉伯人传入欧洲，又是推进欧洲人远洋航行的一阵东风；第三，15世纪末，原本通往东方的海陆、陆路商道，被意大利人、土耳其人、阿拉伯人掌控，关卡重重。同时，威尼斯商人马可·波罗从神秘东方带回的有关“遍地黄金”的消息又强烈激起了欧洲人探索东方的热望。

在“地理大发现”的时代里，为了到达心驰神往的东方，欧洲人曾多次征服大海。最具代表性的探险有：哥伦布率领西班牙船队横渡大西洋，发现新大陆——美洲；达·伽马率领葡萄牙船队绕过非洲，抵达印度；麦哲伦及其船队则在前人的基础上，横渡大西洋和太平洋，完成了伟大的环球航行。

伽利略：

捍卫真理的科学卫士

真理就是具备这样的力量：你越想攻击它，你的攻击就越是充实和证明了它。

——伽利略

人物档案

伽利略（全名为伽利略·伽利雷，Galileo Galilei，1564~1642），意大利天文学家、物理学家，被誉为“观测天文学之父”“现代科学之父”。

他曾用望远镜观测金星、土星环及月球山岭等；设计并制造了比例规、温度计、摆式脉搏计等仪器；还曾研究速度与加速度、重力与自由落体、相对论、惯性等原理。他推翻了亚里士多德的诸多观点，为经典力学的诞生奠定了基础。他更是第一个用实验的方式研究力学的科学家，拉开了以实验为主要依据、逻辑严密的近代科学的序幕。将实验与数学相结合，使他明确了一系列重要的力学定律，如重心、速度、加速度等，其中加速度这一概念的诞生，被认为是力学史上的一座里程碑。

为了证实并普及哥白尼的“日心说”，伽利略不惜违背教皇的意志，出版了《关于托勒密和哥白尼两大世界体系的对话》。他因此受到教会的迫害，并遭到终身监禁。

虽然伽利略晚年都在软禁中度过，但他并没有放弃对科学的执着追求。他潜心总结了自己多年来关于运动力学及材料力学的研究成果，以三人谈话的形式，完成了力学著作《关于两门新科学的谈话和数学证明》。

『从“摆动”到钟摆』

比萨城的大教堂里，经常会出现伽利略的身影。他喜欢在这里欣赏那些旷世的艺术品，喜欢在这里安静地琢磨自己头脑里那些稀奇古怪的想法。

有一天，他同往常一样流连于大教堂，目光却突然被一个事物吸引过去。那是一盏灯，悬在一条长绳之下。有人经过那里时碰到了那盏灯，撞得它左右摇摆起来，片刻后才停了下来。

灯静止后，他又伸手推了推，让它重复刚才的过程。那灯同刚才一样，从大幅度摆荡到幅度逐渐变小，最终完全停止。用数脉搏的方式，伽利略发现，无论灯的摆荡幅度如何，它左右摇摆一个来回的时间始终是相同的。是不是其他摇摆的物体也符合这一规律呢？

为了证实自己的猜想，伽利略即刻返回家中。他找出了一条长绳和一个铁块，以此模拟在教堂里看到的现象。由此，他发现了等时性规律。为了能够让铁块和自己脉搏跳动的速度一致。他一次次调整绳子的长度以改变铁块摆动的速度。如果铁块摆动慢于脉搏跳动，他就换一根更短的绳子，反之则将更长的绳子系在铁块上。几次反复之后，铁块摆动的速度终于和伽利略的脉搏一致了。

用这个原理，伽利略制造了一台仪器。人们可以通过调整绳子的长度控制仪器摆动的速度。此外，绳子上带有标记，可与仪器上的数字对应起来。比如铁块摆动时，当绳子上的标记碰到仪器上的数字72时，就代表绳子每分钟摆动了72次。当然，如果想要准确计数，还必须保证绳子的摆动不会受到阻碍，同时在仪器工作时不能任意移动仪器。后来，伽利略多次改进这台机器，让医生能够通过它准确测量病人的脉搏。

没多久，伽利略又对仪器进行了改进。他将金属制成一根细长条，代替原本的绳子作为仪器的“摆”，又将一个可在“摆”上移动的铁片固定在“摆”上面。当铁片在金属条上移动时，则可改变金属条摆动的频率。

可光这样还不够，伽利略把一个更大的铁块固定在一条绳子上，还将绳子绕在一个轮子上，绳子被铁块往下拽，带动轮子转动。

伽利略为什么要这么做呢？原来，他想用“摆”来制造时钟。这是一个有齿轮的轮子，伽利略在金属条上装了舌簧。每当轮子因为铁块的重量转动时，齿轮就会和舌簧相接触，使舌簧弹出，触动振摆摆向一边。当振摆回摆时，则继续触发舌簧叩击齿轮，再将自己弹出去。如此一来，便可使轮子不间断地转动起来，并保证速度不变。这样，不就能保证准确计时了吗？

伽利略一直忙于各种实验，没来得及将自己发明的钟摆制造出来。几年后，荷兰物理学家海更斯在阅读了伽利略的相关科学报告后，成功制造出了世界上第一座带有钟摆的时钟。

『比萨斜塔上的自由落体运动』

在自己的母校比萨大学，伽利略曾有过一段从教的经历。多年后，他重返校园，现实却让他感到无比沮丧。授业解惑的象牙塔里依旧充斥着保守腐朽和裹足不前的气息。亚里士多德宣称的一切，在那里是师生们不二的信条与法则。

身边人对权威的盲从让伽利略十分难过，但要驱散这片阴霾，光发泄情绪是远远不够的。伽利略懂得知己知彼的道理。课余时间，他开始潜心研究亚里士多德的哲学。他大量阅读了亚里士多德的著作，试图从中找到推翻权威的突破口。通过他所熟悉并拿手的方式——做实验，他很快发现了亚里士多德的理论——重量影响物体下落的速度理论，与他的实验结果不符。

根据亚里士多德的理论，重量是影响物体下落速度的重要因素。当某个物体从高处坠落时，物体的重量越大，下落的速度就越快；反之，下落速度将会变慢。

事实上，稍稍改变实验条件就不难发现，亚里士多德的这一结论存在矛盾之处。举个例子，用一根绳子将一个较轻和另一个较重的物体拴在绳子的两端，按照亚里士多德的理论，将出现两种截然不同的情况：一种是两个绑在一起的物体，重量大于自重，则下落速度应比任一个单一物体更快；另一种是由于较轻的物体下落速度慢于较重的物体，在一同下落的过程中，将会影响较重物体的下落速度，因而整体速度慢于单一物体下落的速度。

伽利略深知亚里士多德在人们心中的影响力，但他决定挑战权威。他将自己的实验结果与观点写成了《论重力》，以此有力反驳了亚里士多德的错误猜测。出书还不够，为了向更多的人证实自己的看法，他决定向整个城市的市民展示自己的实验，而实验地点就选在著名的比萨斜塔上。

实验当天，比萨斜塔四周的广场上挤满了人，既有好奇的居民，也不乏别有用心的教授等着看笑话。因为反复论证过自己的结论，伽利略显得从容又自信。

比萨斜塔的高度接近四层楼房。伽利略站在上面，一手托着一个重约5磅的铁球，另一只手里的铁球则只有1磅的重量。他要做的，是在同一时间松开手，使铁球自然下落。如果按照亚里士多德的说法，重的铁球势必会先落到地上。

那么，事实究竟是怎么样的呢？

不出所料，整个广场上的人都只听到了一个声响，两个重量不同的铁球在同一时间落到了地上。

不等伽利略开口说话，就有教授站出来反驳："这两个铁球重量差别不大，这个实验结果不能算数！"

伽利略听后，禁不住笑起来。随即叫人又取来了一个重约10磅的铁球，还请来两个学生帮忙。两个学生一人手里拿着10磅的铁球，另一人则拿着那个1磅重的铁球。伽利略的指令发出后，他们一起松手，铁球再次下落。

"嘭！"还是只有一个声响。

望着寂静无声的广场，伽利略并不想庆祝自己的"胜利"，而是耐心地向市民们解释自己的理论。他说道："事实证明，亚里士多德虽然学识渊博，却未必不会出错。而我今天在这里为大家展示这个实验，也绝非针对亚里士多德及其学说，我只是想告诉大家，不断地探索与发现才是我们对科学、对真理最真实的尊重！"

『“日心说”与“地心说”』

伽利略和亚里士多德学说间的斗争远未停止。在阅读了哥白尼的著作《天体运行论》后，他又做了大量的天文研究，随后他将“日心说”奉为天体运动的圭臬，并从此开始了捍卫“日心说”的不懈斗争。所谓“日心说”，即认为太阳才是宇宙的中心，地球和其他行星一边自转，一边又围绕着太阳公转。

中世纪的欧洲，实际上都掌控在基督教会的手中。一切违背《圣经》的观点都将遭到无情的扼杀，而提出或者赞同这些观点的人将会遭到最残酷的迫害。那时，教会将意大利教士托勒密的“地心说”奉为经典。有谁胆敢反对“地心说”，就会被认为是反对上帝，将被视为叛徒和异端。哥白尼的“日心说”无疑就是这些异端邪说中最强有力的一个。

哥白尼的学说在教会看来简直就是大逆不道：如果太阳才是宇宙的中心，难道要万能的上帝围着太阳团团转吗？这简直荒谬至极！为了阻止“日心说”的传播，教会不惜以火刑，杀害了捍卫科学的年轻意大利修道士布鲁诺。这些武断、强硬的做法不仅没能维护上帝的权威，反而为人类的理性思考

这怎么可能？我才是老大！

蒙上一层阴影，也使得天文学的发展一度陷入停滞。

即便在如此的高压之下，为了捍卫真理，伽利略依旧支持“日心说”，因为哥白尼的“日心说”确实解释了过去诸多令人困惑之处。为了向大众普及哥白尼的观点，伽利略着手撰写了《关于托勒密和哥白尼两大世界体系的对话》（以下简称《对话》）。这部著作不煽情、不渲染，只是客观地陈述科学事实。在书中，伽利略以其中一人的观点代表自己的观点，进行充分论述。其中就谈到了地球自转及围绕太阳公转所产生的现象。

完成写作后，出于安全考虑，伽利略将印制好的书稿呈送给教皇，并表示若存在不恰当之处，他愿意做出修改。因为他的目的并不是抨击谁，或者某种观念，而是要将科学理论向大众传播。他心想，如果教皇同意出版，教会中的极端分子就没法阻碍他的工作了。果然，这本书在教皇及其周围获得了不错的反响。后经教皇许可，《对话》于1632年3月顺利出版。

即便如此，教会中的极端势力依旧不肯放过他。他们巧舌如簧，在教皇面前进谗言，说《对话》中表达错误观点的那个人物，是伽利略用来影射及讽刺教皇的。教皇相信了他们的话，一怒之下将《对话》列为禁书，理由是伽利略没有信守承诺，在书中宣扬哥白尼的学说。

对此，伽利略据理力争。他表示该书并没有倾向性，只是客观地陈述了双方的观点。然而，一切解释都无济于事。教会还伪造了未经伽利略签字的承诺书，并用欺骗的手段让他签署了子虚乌有的认罪书。伽利略被强加上“具有重大‘异端’嫌疑”的荒谬罪名，被判终身监禁。这对伽利略而言，无疑是天大的打击。但很快，那些和他一样相信科学、捍卫真理的人将他的著作翻译成多种文字出版。伽利略也因此从绝望中获得了力量，在被囚禁的后半生里，完成了他生命中最后一部作品——《关于两门新科学的谈话和数学证明》。

聊聊梦想

我觉得伽利略的梦想是________________________

为了实现梦想，伽利略做了什么？

____

我的梦想是________________________________

为了实现梦想，我已经做了什么？

____

我还要做什么？

____

小链接:伽利略与教会神学的斗争

17世纪时,伽利略凭借多年的潜心研究,在物理学、天文学及数学领域获得诸多成就,声望如日中天。这使他对自己的研究充满了自信与热情,却也为他招来横祸。

一些嫉妒伽利略才华,并在科学讨论中被他否定的人怀恨在心。他们很难在物理学方面找到攻讦伽利略的突破口,于是就把讨论的矛盾引向了天文学,指出伽利略支持的“日心说”与《圣经》矛盾,将动摇教会的权威。他们的说法果然引起了教会的注意。从此,伽利略的一言一行都受到教会的“特别关注”。

1615年,伽利略先后三次前往罗马,向几位重要的红衣主教解释自己观测天体并认同“日心说”的做法并非与《圣经》教义相悖。在罗马日夜不停地游说了两个月后，伽利略虽然在民间及一些教廷的朋友中得到了支持，却始终无法动摇教皇的想法。

1616年，宗教裁判宣布禁止宣扬“日心说”并将之视为异端，要求伽利略放弃支持哥白尼，但伽利略捍卫真理的决心十分坚定。他无意用争论浪费时间，决心以著书的方式对抗教会的蛮横！

1632年，《关于托勒密和哥白尼两大世界体系的对话》横空出世。该书辞藻华美、语言诙谐，描述了三个人在四天中的对话，批判了托勒密的“地心说”及宗教的唯心主义，并着重论述和发展了哥白尼的“日心说”理论。

牛顿：

百科全书式的科学家

你若想获得知识，你该下苦功；你若想获得食物，你该下苦功；你若想得到快乐，你也该下苦功：因为辛苦是获得一切的定律。

——牛顿

人物档案

牛顿（全名为艾萨克·牛顿，Isaac Newton，1643~1727），1643年出生在英格兰林肯郡沃尔索普村的一个普通家庭，英国伟大的物理学家、数学家、天文学家及哲学家，曾任英国皇家学会会长。1687年，他发表论文《自然哲学的数学原理》，开启了大科学时代，其中提出的运动三大定律，为近代物理学与力学的发展奠定了基础。他的万有引力定律奠定了现代天文学的理论基础。时至今日，卫星、火箭、宇宙飞船的发射升空及轨道运行，仍以此作为理论依据。

此外，他还在光学领域发明了反射望远镜，且在三棱镜将白光发散为可见光谱的基础上，提出了颜色理论；在数学领域，除了微积分，他还为幂级数的研究做出了贡献。他被公认为近代科学革命的完成者、经典力学的奠基人、微积分最早也是最重要的发明者、理论物理与现代光学的开拓者。无论是在科学领域，还是在人类社会发展史上，他都享有盛誉。

『热爱就是万有引力』

那是1666年一个阳光明媚的午后，牛顿独自坐在院子里，看起来颇为悠闲地靠着一棵苹果树。温暖的阳光透过树叶的缝隙洒在他的肩头。他正苦思冥想着天体运行法则。因为这抹温柔，他渐渐困乏起来。想要掌握天体运行的规律，是否可以先把月球“拎”出来呢？一旦把地球与月球的关系搞清楚，或许其他行星的运行规律也就可以弄清楚了。带着这个念头，感受着肩头和煦的阳光，牛顿渐渐沉入梦乡……

事实上，早在牛顿出生以前，以哥白尼的论著《天体运行论》的问世为开端，近代科学家研究天体的大幕已经拉开。其中，开普勒在天体运行领域的贡献可谓空前绝后。他提出的“行星围绕太阳运动”的三大定律为该领域的研究打开了新局面。但令人遗憾的是，他始终无法回答是什么力量使得行星能够遵从三大定律的法则运行。这个未解之谜在很长一段时间里困扰着相关领域的科学家们。牛顿正是这些前赴后继的勇士中的一员。

即便是在梦里，他依然执着地思考着这个未解的难题。

就在他感到答案一步步逼近的时候，一阵疼痛从头顶渗透进梦中。他猛地醒过来。睡眼惺忪间，他发现自己的身边多了一个苹果。它是从树上落下来的。

这本是一个再平常不过的现象，没有人会在意。但此刻，它却好像一把钥匙，打开了某扇紧闭的大门。门背后是几代科学家苦苦寻觅却未解的答案。牛顿的目光紧紧地锁定在苹果上，甚至顾不上揉一揉还有些隐隐作痛的脑袋："原来是这么回事！"

他的思考伴随着苹果的香气迅速弥散开来。在牛顿的眼中，这个苹果和月球并无太大差别。为什么离开果树的果实会向地面下坠，而不是飞上天空呢？是不是有一股力量牵引着果实落下？这股力量能否对体积大得多的月球也产生影响呢？如果影响确实存在，那么要保持一定的地月距离，又受到哪些因素的影响呢？

为了证实自己的猜测，牛顿很快想到了一个简便易行的验证方法。他找来一根绳子，将它系在一块小石头上，随即拉住绳子的另一端，用力将石头甩出去，并以手为轴心打圈。如果把手看作地球，把石头看作月球，那么牛顿手中的绳子代表的就是那股看不见、摸不着，却又能维系两个星球运动的力量

难道这就是传说中的“鬼压身”？

了。这股力量后来被牛顿命名为“万有引力”。

牛顿继而想到，同样的法则也适用于地球围绕太阳运转这一现象。

可是，无论是在月球和地球之间，还是在地球和太阳之间，这股引力的存在是否会因为两个星球间距离的改变而变化呢？

一个科学问题的解决往往伴随着更多问题的接踵而至，牛顿将在更为漫长的研究中等候下一个灵感降临的瞬间。然而，灵感缪斯的来临绝非偶然，试想若不是一代代科学家的坚持与传承，若不是牛顿始终在思索自己青年时代即积累下的困惑，又怎能在那个苹果坠落的瞬间，等来追寻多年的答案呢？然而这份坚持多年的执拗又代表着什么？或许就是热爱可抵岁月之漫长吧……

『处处留心皆学问』

光究竟是什么？自古以来，围绕着光及其产生的万千变化，人们生发出无限沉思。为什么透明的物体可以显现出不同的色彩？云销雨霁后，为什么天空中会出现美丽的彩虹？在古代，受制于落后的生产及科技，人们只能用神话传说来解释内心的疑问与困惑。随着社会发展、科技进步，人们对光的认识，逐渐从感性走向理性，从憧憬走向了解，并最终发明了许多光学仪器。

1590年，世界上诞生了第一架显微镜。1608年，又有人发明了望远镜。这些发明大大扩展了人类的视力范围，原本那些肉眼不可见的东西渐渐清晰。

但那时的技术尚不成熟，望远镜在把物体放大数倍后，生成的图像总是扭曲变形且带有杂色，清晰度也不高。为了攻克这一难题，年轻的牛顿曾做过一个有趣的实验。

这天，同样是一个好天气，因为故事的主人公牛顿需要足够的阳光来完成他的实验。只见他用事先准备好的床单、被套，将屋子里可以进光的地方都严严实实地封了起来，仅留出一道细缝。阳光只能透过这里照进伸手不见五指的房间。随后，他将一块三棱镜装置在光线必经的通道上，然后让三棱镜折射出的光投射到白墙上。

“简直太美了！”他不由得发出惊叹。那场景犹如雨后蔚蓝色的天空中架起了一座彩虹桥，一条交织着红、橙、黄、绿、青、蓝、紫的彩色光带将单调的白色墙面照出了别样的精彩。完成预想中的第一步后，牛顿紧接着展开了更精细的试验步骤。他先后将光线通过棱镜的部位,光线经过的路线,缝隙、棱镜及白墙的位置关系等作为变量,进行观察。他发现,入射光束通过棱镜时,不同颜色向棱镜较厚一侧偏转的角度不同,其中红色光的偏转角最小,紫色光最大。而这些颜色都无法继续分解,也就是说,它们都是光最基本的单位——单色光。凭借对光的种种认识,他得出了自己的结论:照射大地的阳光,永远是组合光。没有一种光线能够独立显示出白色,要得到白光就必须按比例组合各种单色光。这一认识的提出,对人类以往对光既有的研究及未来的探索意义非凡。它使光退去了"神性",人们抓住了光可为人所用的价值。

当然,仅仅提出学说,对牛顿而言是绝对不够的。运用光的原理,牛顿也解开了传统望远镜放大观察物像时形态变化、色彩模糊等方面的疑难问题。原来,由于不同颜色的光通过棱镜时折射的角度不同,从物体表面上的某一点进入望远镜里的光线,就无法集中到透镜后的某一点上,因而在观测时便会产生色差。要想克服光线被分散成不同颜色这一难题,首先就要避免折射。传统折射望远镜的设计原理本身就存在着不可弥补的缺陷。要想解决这一问题,只能另辟蹊径。牛顿沿着自己的思路,设计出了新型望远镜——反射望远镜。

在当时，那是一架能够清晰观测金星盈亏的精密仪器。牛顿也因此当选为英国皇家学会的候补会员。而由他亲自制造的另一台反射望远镜至今仍被完好地保存着，见证着科学发展的沧桑巨变。

从生活中随处可见的现象入手，牛顿再一次攻克了多年来悬而未决的科学难题。或许在他的眼中，生活本身就像显微镜下的一块切片，纤毫间都隐藏着科学奥秘。

『横空出世的巨著』

牛顿的这一次伟大的出版计划源于哈雷①与胡克、雷恩打的一个赌。由于他们谁也没有办法用数学方法证明万有引力与距离呈平方反比关系以及开普勒第一定律，于是立下赌约：要在两个月内解开这两大难题，赌注是一本四十先令的书。时光飞逝，一眨眼半年时间过去了，他们依旧一筹莫展。这时候，哈雷想到了牛顿。他即刻起程前往剑桥。

①哈雷：全名埃德蒙·哈雷(Edmond Halley)，生于英国伦敦，天文学家、数学家及物理学家，曾为第二任格林尼治天文台台长；因运用牛顿定律正确计算出彗星运动轨道而备受世人赞誉。

牛顿果然没让哈雷失望，他不仅很快解决了哈雷关于平方反比关系的难题，还利用自己发明的微积分解释了开普勒第一定律，并对万有引力定律的公式进行了推导与计算。

震惊之余，哈雷顿时生出英雄相惜之感：如此伟大的发现应该让更多人知道。于是，他决定说服牛顿将积累多年的力学研究成果整理发表，取名为《自然哲学的数学原理》。

牛顿对出版这部著作并不以为意，甚至有些排斥。但与哈雷多次沟通后，他逐渐认识到这次出版的意义，他的想法松动了，并最后同意出版。

事实上，写作的过程确实充满意想不到的阻碍。1685年初，牛顿开始着手出版自己的这部力学巨著，没承想麻烦接踵而至。他们首先遭遇的是资金上的困难。由于英国皇家学会自身陷入经济困境，因此无力负担出版的全部费用。就在资金筹措无望的时候，哈雷决定拿出自己的全部积蓄，支持牛顿出版这部著作。

刚解决出版经费的问题，又一个麻烦紧跟着就来了。原来，牛顿的朋友胡克认为，万有引力定律公式的轮廓，即平方反比关系是由他，而非牛顿提出的。他认为自己在1679年11月写给牛顿的信中曾谈到这个定律，并非牛顿首创。于是，他要求牛顿在他的著作中对这一情况进行说明。重重意料之外的困难，曾让牛顿想要放弃这次出版计划，但很快他意识到自己的想法十分幼稚。他不应让科学蒙尘，更不应辜负哈雷无私的支持与付出。

牛顿想出了一个折中的办法：在声明中明确表示了自己对公式中平方反比关系的所有权，同时对胡克、雷恩及哈雷对这一发现所做的贡献表示肯定与感谢。

在剑桥，牛顿用了整整一年半时间来撰写这部旷世巨著。除极个别的命题之外，有近200个是他的新发现和新论断。1687年7月，年仅44岁的牛顿迎来了自己人生中最为高光的一刻——《自然哲学的数学原理》正式出版。这部汇集了牛顿所有力学研究成果的科学著作，以万有引力定律为核心，不仅构筑了经典力学的完整体系，更开启了一个崭新的学科——天体力学！

为使更多的人能够看到这部杰作，承担大部分出版费用的哈雷毫不计较得失，在第二版发行时，将定价从原先的9先令再往下调。正如他在此书开头的题词里所说："凡夫俗子第一次走近了诸神。"

聊聊梦想

我觉得牛顿的梦想是________________________________

为了实现梦想,牛顿做了什么?

____

我的梦想是____

为了实现梦想,我已经做了什么?

____

我还要做什么?

____

小链接：牛顿三大定律

牛顿第一定律，说的就是广为人知的惯性定律，即任何一个物体在不受任何外力或受到的力平衡时，总保持匀速直线运动或静止状态，直到有作用在它上面的外力迫使它改变这种状态为止。例如，乘坐公交车时，若司机因为路况发生变化，突然刹车，站在车厢中的乘客也会随之前倾。

牛顿第二定律认为，当物体受到外力时，使其运动量发生变化的是外力的大小、用力的时间，且与之成正比，其变化方向则与外力一致，但与物体本身的质量无关。例如，打羽毛球时，羽毛球运动的方向与挥拍方向一致，且用力越大，羽毛球运动的距离越远。

牛顿第三定律认为，当一个物体受到外力时，会随之产生一股力量，与外力相同，但方向相反。这也就是我们常说的反作用力定律。例如，当人们击打某物的时候，手心也会感到疼痛一样。

牛顿三大定律在生活中随处可见，我们不妨也做个生活中的有心人，在司空见惯的日常生活里发现科学的光亮。

爱迪生：

发明大王的魔法

世间没有一种具有真正价值的东西，可以不经过艰苦辛勤劳动而得到。

——爱迪生

人物档案

爱迪生(全名为托马斯·阿尔瓦·爱迪生，Thomas Alva Edison，1847~1931)，著名发明家、企业家，出生在美国俄亥俄州米兰镇。爱迪生被美国权威期刊《大西洋月刊》评选为影响美国的100位人物第九位。

爱迪生一生共有2000多项发明，拥有专利1000多项。他以独创性的发明领先于自己所在的时代。今天正成为环保新宠的电动汽车，就是爱迪生在100多年前发明出来的。他因此被称为“电动车之父”。除了独立发明创造外，他还乐于对其他人的发明制造进行改造。因为他的终极目标是解决实际问题，使生活更美好。

爱迪生为人类科学技术的进步做出了巨大贡献，值得被后人铭记。

从古时候起，人类就开始了对电的探索，而现代人类的一切活动都离不开电。小朋友们，想象一下，如果没有了电，我们的生活会变成什么样子呢？

聪明的你，灵机一动，就想到了那个为我们驱散黑暗，让夜间灯火通明的发明家吧。是的，他就是我们今天要讲的主角爱迪生。

你千万别以为爱迪生只发明了电灯。实际上，他一生酷爱发明创造，带领团队发明了电车、电影、留声机等2000多种我们生活的必需品。也就是说，在他生活的3万多个日子里，平均15天就能有一项发明，这速度实在是太惊人了！那爱迪生是怎么做到的呢？他难道会魔术？

『被施了魔法的灯』

早在1821年，英国科学家戴维和法拉第就发明了一种电弧灯。这种用碳棒做灯丝的灯虽然能发出亮光，但光线刺眼，而且还会冒出黑烟和呛人的气味，同时耗电量大，寿命却不长，很不实用。

当爱迪生第一眼看见这种灯的时候，他就开始思考：电弧灯不够实用，我一定要发明一种灯光柔和的电灯，让家家户户都用得上。这样，人们就能在黑夜里工作了。

其实，爱迪生不仅希望白天能够“延长”，他还怀揣着一个朴素的信念：只要通过努力，他一定能够克服困难，开辟一片新天地。

爱迪生回到自己的实验室后，就将其他事情抛到脑后，全身心投入研究电灯的工作。他阅读了大量煤气工程学杂志，还了解了气体发光的知识。但在研究过程中，爱迪生发起愁来，理论和实际的差距实在太大了。要制造出能持久发光的电灯，不仅要找到一种不易烧断的灯丝材料，还要保证玻璃灯泡内始终处于真空状态。虽然只有这两个要求，但是要同时做到是非常困难的。

尽管如此，爱迪生并没有退缩。反复研究后，他在自己随身带的小本子上写下了这段总结：灯丝材料要结构轻巧、价格便宜，而且要无声、无味、无烟，不会损害人们的健康。在这个目标的指引下，他用碳化纸、玉米芯和各种纤维等几十种材料进行了试验，但都失败了。因为这些材料都太脆弱了。

爱迪生没有办法，只能转而试验其他材料。他先后试验了钌、铬、白金等1600多种材料，最终还是失败了。这时，很多专家都认为发明电灯的前途一片黯淡。英国一些著名学者甚至讥讽爱迪生的研究是毫无意义的。有记者这样报道:“爱迪生的理想已成泡影。”

但爱迪生依然不放弃。他仍在冥思苦想可以用作灯丝的理想材料。一天,他的一位朋友闯进实验室跟他聊天。他盯着朋友一晃一晃好像在跳舞的长胡须看,根本没听清朋友在说什么。突然,他眼睛一亮,欣喜若狂地叫了起来:“对,就用这个,胡子。哥们儿,我要用你的胡子。”

朋友看着双眼放光的爱迪生,疑惑不解地问道:“什么?胡子?”

“对,就要借用你的胡子,我要用它制作电灯的灯丝。”

朋友一听爱迪生要用自己的胡子制作灯丝,顿时乐开了怀,立刻剪下一绺交给爱迪生。爱迪生满怀信心地挑选了几根粗胡子,对它们进行碳化处理后,装在灯泡里。

令人遗憾的是,试验结果不理想。“那就用我的头发试试看,没准能行。”朋友热心地说。头发与胡子性质一样,爱迪生拒绝了朋友的好意。朋友刚要拿起棉衣外套,突然说道:“棉线,试一下棉线,如何?”

“这个可以!”爱迪生话音刚落,朋友就毫不犹豫地解开外

哥们儿，我要用你的胡子。

套，撕下一片用棉线织成的布，递给爱迪生。爱迪生把棉线放在U形密闭坩埚里，用高温处理了一下。紧接着，用镊子夹住碳化棉线，准备把它装入灯泡。碳化棉线又细又脆，爱迪生不禁紧张起来。他颤颤巍巍地拿着镊子，结果棉线还是夹断了。最后，费了九牛二虎之力，爱迪生才把一根碳化棉线装进灯泡。

此时，夜幕刚好降临，爱迪生的助手把灯泡里的空气抽走，并将灯泡安在灯座上。接通电源的那一刻，爱迪生日夜期盼的场景终于出现了：灯泡发出金黄色的光辉，把整个实验室照得通亮。

大家屏气凝神地围在电灯周围，静静等待着，想要看看灯泡能亮多久。一小时，两小时，三小时……时间一分一秒地过去。这盏电灯足足亮了45个小时，灯丝才被烧断。“太不可思议了，这根灯丝就像被施了魔法！”爱迪生欢呼雀跃起来。他终于找到了合适的灯丝材料。

这一天是1879年10月21日。后来，人们将这一天定为电灯发明日，标志着可广泛使用的电灯诞生了。

爱迪生没有陶醉于成功的喜悦，而是给自己提出了更高的要求：“虽然我已经找到了合适的灯丝材料，但是45个小时还是太短了。必须把它的寿命延长到几百个小时,甚至几千个小时。”

为了延长灯泡的寿命,爱迪生开始了新的征程。夏日的一天干燥闷热,他顺手取来桌面上的竹扇,一边扇着一边思考着:“也许竹丝碳化后效果会更好。”爱迪生简直是见到什么东西都想试一试,强烈的好奇心驱动着他不断试验。

爱迪生经过仔细的调查,知道了世界上共有1200多种竹子。他于是从实验室里选出20人,组成一个调查队,并准备了10万美元,让调查队到世界各地寻找竹子,然后把它们带回来一一试验。

经过多次反复试验,爱迪生发现用碳化后的日本竹丝做灯丝效果最好,发光时间可持续1000多个小时。于是,他从日本订购了大量竹子。就这样,经久耐用的竹丝电灯诞生了。这种电灯通过工厂流水线批量生产,走进了千家万户,照亮了人们的美好生活。爱迪生就这样给全世界人们的生活带来了翻天覆地的变化。

『最满意的发明』

爱迪生23岁的时候，就用人生中第一个发明赚来的4万美元建立了自己的工厂，专门研究和制造各种电气机械。在这个工厂里，他生产出了四重发报机。

29岁那年，爱迪生把原先开在尼瓦克的工厂，搬到了离纽约城25英里的新泽西州的门罗帕克，并将工厂改造成了世界上第一座工业研究实验室。这里草木葳蕤，幽静清新，是安心进行研究和工作的理想场所。

这个工业研究实验室工厂是发明欲极强的爱迪生亲手设计的。爱迪生为这里添置了大量的科学设备，还扩充出了图书馆。这个工业研究实验室的出现，标志着集体研究走上历史舞台，这里也成了美国许多大型工业研究机构的前身，有力地推动了美国重视实用科学研究传统的形成。现在最流行的“产学研一体化”的企业模式，在100多年前爱迪生的工业研究实验室里就有了雏形。

这里是爱迪生一生最满意的发明。爱迪生声称它是一座发明工厂。专家精英们在爱迪生的带领下，明确职责、分工合作，完成了大大小小的各种东西。这个实验室成立不久，爱迪生就在这里同时进行着40个不同的项目，一年申请着多达400项的发明专利。

如果说，爱迪生在30岁之前发明的东西，基本上是改良已有发明后产生的，那么留声机则是爱迪生从无到有创造出来的“孩子”。

1877年的秋天，爱迪生在安静的实验室里工作时，突然听到某种东西转动的声音。他环顾四周，发现声音是从发送电报信号的机器里传出来的。这个机器出了故障，转动过快，因此发出了这种平时听不到的声音。

爱迪生仔细听了一会儿，又沉思了一会儿。突然，他像想到了什么，回到桌前埋头绘起草图来。草图画了一张又一张，却总是不能令他满意。于是，他从白天画到傍晚，又从傍晚画到深夜。第二天天亮，爱迪生才停下了手中的笔。

图纸上画的是一个装在轴上的金属滚筒，轴的一端装有摇柄，滚筒可以在轴上平行移动。滚筒上有螺旋槽，滚筒的两端装着振膜，从振膜上伸出来的那支针可以移动到金属滚筒的螺旋槽中。

爱迪生把通宵达旦设计出来的图纸交给了他的机械师克

留西。克留西看不明白是什么装置,也不知道它是用来干什么的,惊讶地问:“这是什么呀?干什么用的,先生?”

爱迪生却只是说:“请你快点照着图纸上的样子把它做出来,试试它会不会说话。”

“会说话的机器?这不可能吧?”克留西和当时在场的人都不相信机器会说话,他们甚至还和爱迪生打起了赌。

克留西尽管觉得这是不可能的事,还是听从了爱迪生的吩咐。他跑到制造车间,认真地照着图纸制作起来。克留西技艺精湛,当天傍晚就把机器做出来了。这个机器简直和图纸上的一模一样,爱迪生特别满意。但是,克留西和实验室里的其他人都不看好它,克留西甚至认为这是徒劳一场。就连爱迪生自己也说:“机器是否能成功,我也不确定。不过我们毕竟造出了它,或许能从中得到一些经验。”

第二天,实验室的人聚集在一起,看爱迪生操作机器。只见他取来一片薄薄的锡箔,把它卷到滚筒上,又把振膜的针尖调到适当的位置——对准缠在螺线起点的锡箔。做完这一切后,爱迪生开始摇起机器上的手柄,同时对着振膜背起诗来:“玛丽有只小羊羔,她的毛发白如雪……”工作人员听着爱迪生沙哑的读诗声,忍不住笑出声。爱迪生则全神贯注地做着一切。读诗完毕，他把振膜上的针退出，又将金属滚筒转回到原先的位置。此时，另一端振膜上的针尖对准了锡箔。当爱迪生再次摇动手柄时，“玛丽有只小羊羔，她的毛发白如雪……”的读诗声竟然再次响了起来。声音虽然很微弱，但那就是爱迪生读诗的声音。

成功了！这可真是一个奇迹！

“哦，我的上帝！”克留西用德文惊叹道。

爱迪生自己也有点吃惊。他说：“一生中，我从来没有像现在这样感到惊讶。它居然一下子就成功了。但是，这个机器要大规模使用，还有很长的路要走。”

爱迪生并没有因初次试验成功而自得。当晚，就和克留西一起，一次又一次地试验、记录，让滚筒和摇柄用起来更稳定。之后的十八天中，他们不停地改进机器，并向有关部门申请了专利，同时联系新闻界，对外界宣布了这个了不起的发明。

第二年2月19日，这项专利获得审批通过，爱迪生乐不可支。他说：“在我众多的发明中，这项发明才是我的亲生孩子，我盼着它快快长大，等我老了，希望它能尽点赡养的责任。”

会说话的机器人吸引各地好奇的人们纷纷赶来参观。他们挤在实验室里，对着留声机打起了招呼，吹起了口哨，唱起了歌曲，读起了诗歌，然后又激动地听着留声机里播放出他们各自发出的声音。

“真是奇妙啊，简直就像施了魔法一样。”大家惊叹不已。他们认为爱迪生就是门罗帕克的魔术师，他发明的留声机就是19世纪的奇迹。

尽管留声机轰动了世界，但爱迪生却在不断地改进这项发明。一年、两年、三年，甚至十年……他仍然在不断地完善它，他觉得还可以让它变得更完美。

“天才是百分之一的灵感，加百分之九十九的汗水。”这句大家在课本上看到过的话，就是爱迪生的成功秘诀。爱迪生还有一件成功的法宝，那就是他有一个随身携带的笔记本。上面画着许多奇妙的设计图，还有匆匆记下的断断续续的字句。原来，爱迪生一想到什么新主意，就立即写在笔记本上。有时一天之内，他可以想出20个新主意。这种笔记本，他每隔一星期就换一本。他一生创造了这么多项发明，就是这么来的。

聊聊梦想

我觉得爱迪生的梦想是＿＿＿＿＿＿＿＿＿＿＿＿＿＿＿＿

为了实现梦想，爱迪生做了什么？

＿＿＿＿＿＿＿＿＿＿＿＿＿＿＿＿＿＿＿＿＿＿＿＿＿＿

我的梦想是＿＿＿＿＿＿＿＿＿＿＿＿＿＿＿＿＿＿＿＿＿

为了实现梦想，我已经做了什么？

＿＿＿＿＿＿＿＿＿＿＿＿＿＿＿＿＿＿＿＿＿＿＿＿＿＿

我还要做什么？

＿＿＿＿＿＿＿＿＿＿＿＿＿＿＿＿＿＿＿＿＿＿＿＿＿＿

小链接：企业家爱迪生

爱迪生不仅仅是个科学家，还是个著名的企业家。

美国通用电气公司的前身，就是爱迪生在1878年创立的电灯公司。它是世界上规模最大的服务性公司，从飞机发动机、发电设备到金融服务，从医疗造影、电视节目到塑料，公司致力于通过多项技术和服务创造更美好的生活。通用电气公司在全世界一百多个国家开展业务，在全球拥有员工近300万人。

从电灯到电视、电影等生活中的多个领域都有爱迪生发明创造的影子。爱迪生的发明创造一直致力于实用。他说：“只有让所有的人都能用上,才是真的好。”他始终怀着这颗初心,让科技润泽千家万户,真正造福人们的生活。

居里夫人：

“镭妈”总会有办法

科学本身就具有伟大的美。一位从事研究工作的科学家，不仅是一个技术人员，而且他是一个小孩儿，徜徉在大自然的景色中，好像迷醉于神话故事一般。

——居里夫人

人物档案

居里夫人(全名玛丽·斯克活多夫斯卡·居里,Marie Sklodowska Curie,1867~1934),是一名原籍为波兰的法国科学家,一生曾两度获诺贝尔奖,共获得10项奖金、16枚奖章和107个名誉头衔。

居里夫人主要致力于放射性物质的研究。她发现钋和镭是两种天然放射性元素。她的发现对科学界产生了重要影响,是对全人类的伟大贡献,杰出应用之一是应用放射性技术治疗癌症。

1867年11月7日,她诞生在波兰首都华沙,父母都是教师。她自幼家境贫寒,母亲和大姐在她不满10岁时相继病逝。中学毕业后,她当了多年的家庭教师。艰难的生活,培养了她独立坚强的性格。

1891年,她进入巴黎大学学习。1894年,她与法国物理学家彼埃尔结识，并于第二年结婚。从1896年开始，居里夫妇共同研究放射性元素。1903年6月，居里夫人获物理学博士学位。1906年，彼埃尔因车祸不幸去世。从此，彼埃尔在巴黎大学文理学院的教职由她接任。她是该校600多年来第一位女教授。她的余生一直致力于镭的实用研究。

1934年7月4日，长期积蓄体内的放射性物质所造成的恶性贫血，即白血病，夺去了居里夫人宝贵的生命。她虽然离开了人世，但她为人类所做的贡献，以及她高尚的品行，将永远被人们铭记。

『寻求木棚里的"宝石"』

获诺贝尔奖对我们普通人来说，是高不可攀的梦想。因为这个奖项是科学界的最高荣誉。科学家们都以自己一生能够获一次诺贝尔奖而感到莫大的荣幸。能在一生中两次获得诺贝尔奖那是想都不敢想的事。但有一个人做到了，她就是原籍波兰的法国著名科学家、物理学家、化学家居里夫人。

镭是一种放射性元素，它会在黑暗中幽幽地透出绿光，放射出α和γ两种射线，并生成放射性气体氡。镭放射出的射线能破坏、杀死细胞和细菌，可以用来治疗癌症等。此外，镭盐与铍粉的混合制剂，可作为中子放射源，用来探测石油资源、岩石组成。镭还是原子弹的材料之一。

这么神奇的镭，居里夫人是怎么发现的呢？她可是历时3年9个月，才从数以万计的沥青铀矿废渣中成功分离出了微量氯化镭。

居里夫人提炼出镭的实验室实际上是一个简陋的木棚。她的好朋友对她的实验室充满好奇，多次在信中提出要来实验室瞧一瞧。居里夫人一直推说自己太忙，抽不开身。

一天，好友没有预约就直接跑来了，发现居里夫人在木棚里工作。这让好友大吃一惊。

“你在这个又破又旧的木棚里做什么？”好友实在有点看不下去了。两张破旧不堪的桌子上摆满了瓶瓶罐罐，那分明都是做实验的仪器，难道……

“真是招待不周，你就这么来了。这就是我的实验室。”居里夫人忙不迭地向好友解释道。

“天哪，真的让人难以置信！”这么一个地方竟然是发现镭元素的实验室？这么一个伟大的科学家竟然在如此简陋的实验室里工作？

木棚的地面是用沥青铺成的，玻璃房顶破旧得不蔽风雨，犹如一间漏雨的棚房，室内仅有两张都快烂掉的小桌子、一只炉子和一块小黑板。没有化学实验室该有的护罩，也没有实验应有的先进仪器，这里完全不具备做放射性实验的条件。然而，居里夫人就是在这里，提炼出了放射性元素镭。

“来，把那个拿给我……”居里夫人和丈夫有着天然的默契，他们都无比热爱这份工作。居里夫人每天都要把20公斤矿渣放进一个煮沸的大锅里，用一根与她体重相等的铁棒不断搅动。居里夫人常常鼓励自己：“你看，这一次就要成功了……”

“没有关系，我们总有一天会提炼出来的……”虽然每天重复劳动收效甚微，居里夫人仍信心满满，日夜劳作，永不放弃。

炎热的夏天来临了，木棚成了一个蒸笼，在这里待上不到五分钟就会汗流浃背。“你去休息吧，让我来搅动。”丈夫心疼自己的妻子。居里夫人却摇摇头，紧锁着眉头，眼里放出坚定的光。

“那啃一块面包吧。”当丈夫递给居里夫人面包和水的时候，居里夫人一边把食物放进嘴里，一边还在做着记录。

在居里夫人眼里，身边的矿渣都是如孩子一样的“珍宝”，这些“珍宝”被提炼成“宝石”后，夜色下可以看见它们微微发光的轮廓，仿佛是悬于黑暗天空中最耀眼的星星。

可是，点亮星星之旅谈何容易。为了节约时间，居里夫人不得不带着女儿在实验室里喂奶。她同时做着科学家、工人和母亲的工作。

到了冬天，这个木棚里寒风刺骨，一阵阵冷风冻得他们手脚冰凉。居里夫人看着矿渣，一本正经地说：“不是在这个冬天，就是在下个春天就能成功了。镭元素真的很重要，可以改变我们的生活……”丈夫看着越来越消瘦的妻子，劝她休息的话到了嘴边又咽了下去。研究镭的使命感在居里夫人的心

一闪一闪亮晶晶

中，比她的生命还重要。她怎么肯放弃呢？

每日的辛劳，让居里夫人面无血色、浑身没劲。她有时像得了嗜睡病一样，整日昏昏沉沉；有时感到腿和全身疼痛；有时连起床和行动都感到困难，但她依然坚持，直至奇迹发生……

镭元素在沥青矿中的含量极少。居里夫妇用了800吨水和200吨化学药品，才从400吨沥青矿物中提炼出1克包含了镭元素的化合物。

1902年3月28日，居里夫人在记录本上兴奋地写下了一行字：Ra=225.93（一个镭原子的重量）。

在经历了几万次的分步结晶后，镭元素终于被提炼出来。居里夫人和她丈夫的兴奋之情难于言表！

虽然居里夫人身体虚弱，体重轻了7公斤，但她还是要去实验室看她的“宝石”。外面漆黑一片，她开门走了进去。居里夫人轻声对丈夫说：“千万不要开灯……你瞧！”

“宝石”就在他们面前的桌子上。一缕略显蓝色的荧光在那儿愉快地闪耀着，宛若童话中的小仙女在黑暗中向他们挥手致意。

“我的梦应验了！我曾无数次在梦中看见它熠熠生辉，现在它果然发光了！”居里夫人无声地抽泣起来，热切地望着“宝石"体内流溢出的寒光,仿佛看见有位小仙女在翩翩起舞。

居里夫人把最终测定的镭原子量,在《论镭的原子量》一文中发表了。

镭的发现,让居里夫人获得了诺贝尔化学奖,成了家喻户晓的科学家,也使全世界都开始关注放射性现象,引发了科学界的一次巨大革命。

『发明第一辆X光汽车』

居里夫人本以为会在她心爱的实验室里做一辈子实验,但这个想法被无情的战争中断了。她第一时间关上了实验室的门。如我们现在的"抗疫英雄"一样,当国家有难时,他们立刻奔赴最危险的地方。

1914年的8月1日,法国开始战争动员,巴黎形势日趋紧张。居里夫人马上给女儿们写了一封信:"我亲爱的孩子,巴黎作为我的第二故乡,我应有责任去保护它,我决定留在巴黎参加战斗,做我力所能及的事。你们不用担心我,我会注意保护自己。你们跟随保姆,不要外出。战争结束后,我就过去看你们。还有一件事情:因为战争需要,我想把我所有的金子捐献出去，加上那些对我毫无用处的科学奖章。另外，我第二次获诺贝尔奖的奖金还没有兑换成法郎，这是我们财产的主要部分。我要把它提出来买战时公债，因为国家需要它。”

女儿们收到了妈妈的信，泪水涟涟。她们知道妈妈这样做是在帮助国家。他们的爸爸在发现镭不久后，因为一场意外的车祸不幸去世。因此女儿们一直跟伯伯住在一起，妈妈则一直在实验室里研究镭。大家一直盼着相聚的时刻。现在，战争来了，妈妈这么做，一切都是为了国家啊……

居里夫人把实验室储存的镭，放到绝对安全的地方藏起来，自己则义无反顾地投入保家卫国的战争中去。这就是居里夫人博大的胸怀。

8月2日，居里夫人和许多勇敢的法国女子一起奔赴前线，自愿当起了一名白衣天使。她要用自己的力量保家卫国。

在工作中，她很快发现了一个大问题，那就是所有前线和后方的医院都没有X光检查设备。

居里夫人清楚地知道，X光设备如果应用到战后医院，医生们不用动手术就可以探查人体内部，“看见”人的骨骼和器官。这会给医疗诊断带来很多方便。

这时候，没有设备怎么办？居里夫人自己来造！

居里夫人向红十字会请求帮助，要来了一辆普通的敞篷汽车。她在车里尝试着放了一架伦琴仪器和一个发电机，然后用汽车的发动机带动发电机，提供电力。这个完全可以移动的设备开始在各个医院巡回。伤兵运送到巴黎后，都可以用它进行检查。这就是第一辆X光汽车。战士们都亲切地称这辆汽车为“小居里”。居里夫人则日夜奔波在法国各大医院之间，细心做着救护和指导工作。

居里夫人很快发现，很多医护人员还不太会使用这个设备。因为X射线技术在医学领域应用不久，所以掌握这方面知识和技术的人很少。战争时期，懂X射线技术的人大多都去服兵役了。懂得X射线的技师太少，怎么办呢？居里夫人又想出了新的招数。

居里夫人马上开设了放射科训练班，亲自教学员电学和X射线理论。同时，她还收了一百五十位放射科护士当学徒。当护士们第一次完成一张没有毛病的X光片时，居里夫人激动万分。

由于战争期间从事大量医疗救护工作，居里夫人在X射线的医疗应用上积累了丰富经验，掌握了大量检验知识。1921年，她撰写出版了《放射学和战争》一书。

『奔波的家庭教师』

居里夫人有这么多的伟大成果,你也许会问:她是不是从小就是一个学霸?

其实,她17岁时就放下学业去工作了。当时她二姐想去巴黎留学,但学费没有着落。这时,居里夫人想了一个办法:自己放弃学业,挣钱供二姐上学。

父亲感到对不起自己的小女儿。小居里却说:“爸爸,不用担心我,没关系,我有办法。去国外深造是我的追求和梦想。总有一天我会靠自己的努力达到这个目的。”

17岁那年,居里夫人第一次离开家,当起了家庭教师。为了多挣点钱,她同时又多兼几份家教。无论寒风暴雨,她都遵守约定的时间,一家家地去给孩子们上课。她几乎跑遍了波兰,虽然非常辛苦,但没有半句怨言。

当时有些孩子调皮捣蛋、不用功学习,这让居里夫人非常着急。这些孩子大都缺乏管教,和他们有钱有势的父母一样,不尊重老师。

有一次突然遇到暴雨天,居里夫人没有带雨具。为了遵守约定的时间，她拼了命似的在路上奔跑，完全不顾自己已经成了落汤鸡。

还有一次是去上课的路上。因为路滑，居里夫人不小心摔了一跤。她立即起来继续赶路，但还是迟到了三分钟。居里夫人不顾湿漉漉的头发，看到家长就连忙弯腰道歉："不好意思，今天我迟到了，现在就开始上课吧。"谁知道，家长却冷嘲热讽地说："怎么连老师都会迟到？我们以为你今天不来了！"

有的家长会尖酸刻薄地说："我们等了好久，你一直不来，孩子们都出去了，我们请你来上课都是付了钱的。你这么不准时，这节课钱就不给你了。"但是，居里夫人不计较，还是认真地上好自己的课。

她用父亲的话勉励自己："走遍天下也找不到一个完美的家庭。人应该在其中训练自己的忍耐力，来发现值得自己学习的东西。"不管那些家长如何不尊重她，居里夫人都耐心地教育所有的孩子。

当时在波兰乡下，很多人看到这一幕，都会停下脚步：在郁郁葱葱的草地上，农民的孩子围着年轻又漂亮的居里夫人上课，旁边还有十几个孩子。这些孩子刚刚放羊回来。他们穿得破破烂烂，头发像乱草一样，裤脚上沾着泥巴，身上散发着汗臭味，但他们求知若渴的眼睛紧紧追随着居里夫人。他们正在学习波兰文，感受着民族语言的美好。

“我会了，我会了！”每学会一个新单词，孩子们都会欢呼雀跃。给这些农民的孩子上课没有任何报酬，但居里夫人感到内心非常愉悦。她还从自己微薄的积蓄里留出些钱，为这些孩子买来纸和笔。

家庭教师是居里夫人的第一份工作。人生的责任和义务在她内心深深扎根，也为她日后的成功之路打下了坚实的基础。

聊聊梦想

我觉得居里夫人的梦想是________________

为了实现梦想，居里夫人做了什么？

____

我的梦想是________________

为了实现梦想，我已经做了什么？

____

我还要做什么？

____

小链接：镭的发现在医学上的贡献

居里夫人发现镭不久，有科学家发现镭可以治疗癌症。可居里夫人并没有申请专利权，而是毫无保留地把提炼方法公之于众。她说："镭是一种元素，它属于所有人，任何人都不能拿它来发财致富。"

镭作为放射性元素，其辐射的本质是直接破坏生物大分子，也可以使生物大分子受到影响，发生电离，导致自由基损伤。无论哪种方式，它们都能杀死细胞。

因为镭具有这种惊人的能力，人们想到用镭电解后的辐射线进行手术杀死癌细胞。这种方式称为放射性治疗，直到今天，它依然是治疗癌症的首选疗法。

爱因斯坦：

“心不在焉”的草帽博士

绝不要把你们的学习看成是任务，它应该是一个令人羡慕的机会。为了你们自己的欢乐和今后你们工作所属社会的利益，去学习。

——爱因斯坦

人物档案

爱因斯坦(全名阿尔伯特·爱因斯坦,Albert Einstein,1879~1955),美籍著名物理学家。

爱因斯坦出生在德国乌尔姆市的一个犹太人家庭。1900年,毕业于瑞士苏黎世联邦理工学院,入瑞士国籍。1905年,获苏黎世大学物理学博士学位,后来提出光子假设并成功解释了光电效应(因此获1921年诺贝尔物理学奖),同年创立狭义相对论。1915年,创立广义相对论。1933年,移居美国,在普林斯顿高等研究院任职。1940年,加入美国国籍,同时保留瑞士国籍。1955年4月18日,爱因斯坦在美国新泽西州普林斯顿逝世,享年76岁。1999年12月,爱因斯坦被美国《时代周刊》评选为20世纪的“世纪伟人”。

爱因斯坦的理论为核能的开发奠定了理论基础。为对抗纳粹，他曾在利奥·西拉德等人的协助下致信美国总统富兰克林·罗斯福，直接促成了曼哈顿计划的启动。“二战”后，他积极倡导和平，反对使用核武器，并签署了《罗素—爱因斯坦宣言》。

爱因斯坦开创了现代科学技术新纪元，被公认为继伽利略、牛顿之后最伟大的物理学家。

1909年7月7日，瑞士日内瓦大学建校350周年，全球的精英科学家们络绎不绝地赶来。

不巧的是，天空哗哗地下起了倾盆大雨。雨幕中，那些显要人物坐着马车，有的穿着笔挺而又精致的燕尾服，有的身着中世纪的绣金长袍，有的头戴平顶丝帽，大雨也丝毫不能遮挡住他们的耀眼夺目。

这时，从雨中走出一个人，穿着一身普通的衣服。最让人诧异的是，在这样庄重的时刻，他头上居然戴着一顶草帽，步行来到了日内瓦大学。

“你是谁?”门口的保安把他拦住了。“我是……”爱因斯坦取下草帽，谦虚地点了点头。保安大吃一惊，这不是著名的科学家爱因斯坦吗?“你怎么戴着一顶……”保安脱口而出。“我家里只有草帽，我也喜欢戴。”爱因斯坦随和的回答，让保安面红耳赤。

这次校庆，瑞士联邦委员会主席要亲自给科学家颁发博士帽。其他科学家都精心打扮了一番，只有爱因斯坦没有。他接到请柬的时候，正在做实验。他顺手取了一顶草帽，便出发了。在颁发学位证书和博士帽时，第一个被点名的科学家就是爱因斯坦。大家见到他这副不修边幅的朴实模样，都忍不住笑了。从此，爱因斯坦获得了一个雅号——

草帽博士。

“草帽博士”把所有精力都放在了科学和研究上。他珍惜分分秒秒，刻苦努力，在26岁的时候，就发表了著名的论文《论运动物体的电动力学》，建立了狭义相对论。接着，他又花了11年的时间潜心研究，并于1916年发表论文，完善了自己的广义相对论。

爱因斯坦在科学上建立了丰功伟绩，被人们誉为“世纪伟人”。然而，爱因斯坦依旧十分谦虚。在他50岁生日的时候，世界各国都为他举行了祝寿仪式，各式各样的贺信如雪片般飞来。可就在生日这天，爱因斯坦不见了。大家找啊找，后来才知道，他躲到柏林郊区一个僻静的地方去了。只有一个机灵的美国记者发现了他。“不好意思，我在思考问题，嘘——”爱因斯坦就这样谢绝了记者的采访。

对生活小事“心不在焉”的爱因斯坦，每天都沉浸在自己的科学世界里。

『小罗盘里的大世界』

爱因斯坦小时候常常在院子里和花园中玩。鲜花在微风

不好意思，我在思考问题，嘘——

中散发着芳香，小鸟在树丛中欢快地歌唱……这一切让小爱因斯坦好开心。可玩着玩着，他就会停下来，开始认真思考。有时候，妈妈喊他吃饭了，爱因斯坦却缠着妈妈问："为什么叶子会落下来？为什么花是红色的？雨为什么会从天上掉下来？月亮为什么不会从天上掉下来？"他常常把妈妈问得瞠目结舌。

父亲渐渐发现了小爱因斯坦对大自然的浓厚兴趣。在他4岁的时候，父亲给他买了一个罗盘。这让小爱因斯坦兴奋不已。

"这是什么呀？"小爱因斯坦看着眼前这个圆圆的、像怀表一样的东西。盘面四周除了均匀的刻度，只写了四个字母——N、S、E、W，一根指针正在不停地左右摇摆。

"这是罗盘，儿子。"爸爸说。

"罗盘？它是用来做什么的？"小爱因斯坦好奇地问道。

"来，爸爸演示给你看。"

小爱因斯坦睁大眼睛观察起来。爸爸把这个叫作罗盘的东西平放到桌子上，只见那个指针左右摆了摆，然后稳稳地停在了一个位置上。爸爸又将它平转，那个指针经过一阵剧烈摆动后，又一次停了下来。最后，爸爸将它立起来，平放在桌子上。指针经过大幅度摆动后，还是稳稳地停了下来——无论怎样旋转，罗盘的指针总是指着北方。

“太神奇了，它居然能够识别方向！”小爱因斯坦高兴得如发现新大陆一般跳了起来，激动得脸都红了。

爸爸笑着说：“你真棒。知道它的用途了吧？”

“爸爸，有了它，不管到哪里都不会迷失方向了。它真是太厉害了！”小爱因斯坦说着，手舞足蹈起来。

“是的。有了它，无论在大海上还是在沙漠中、森林里，无论天气有多糟糕，人们都可以准确地辨认方向了。”听了爸爸的这番介绍，小爱因斯坦如获至宝地将罗盘抱在了怀里。

从此以后，小爱因斯坦所有的专注点都放到了这个罗盘上。他一直坚信，那个罗盘里面一定装着一个小精灵，不然的话，它怎么会这么奇妙，能够自动找到方向呢？

小爱因斯坦翻来覆去地摆弄那个罗盘，可里面除了一个指针，什么都没有。他研究了好几天，又去问爸爸。

“爸爸，罗盘只有一个指针，它是怎么识别方向的呢？”

面对这个还没有上学的儿子，爱因斯坦的爸爸真不知道该如何解释。

“儿子啊，我现在跟你解释，你可能听不懂。这是因为地球磁场的作用，说起来非常复杂。等你上学后自然就会明白的。”

“爸爸,您现在就跟我说说吧,我捣鼓了很久,也没有发现磁场啊。”爱因斯坦拉着爸爸的手,开始刨根问底。

从那天开始,爱因斯坦接触到了一个影响了他一生的词语——磁场。

“地球的磁场是我们肉眼看不见却真实存在的东西,而且对磁场里面的一些物质发生着作用。地球磁场分南、北两极,这个罗盘的指针就是受到这两极的作用,永远指着北方。”

爱因斯坦只听了一遍,就把爸爸的话牢牢记在了心里。他双手捧着这个小小的罗盘,感觉就像捧着一件宝物。他不断尝试着把它翻转,或者缓缓移动方向,可无论他怎么做,那枚小小的指针依旧指着北方。

爱因斯坦的母亲给他买了木马、小车等玩具。爱因斯坦对那些玩具“无动于衷”,玩了一下就不感兴趣了。但这个小小的罗盘备受爱因斯坦喜爱,他连睡觉的时候都抱着。他觉得这小小的罗盘里藏着无数秘密:如何才能感受到磁场呢?为什么指针能够自始至终地指向北方,而自己却什么也感受不到呢?

爱因斯坦天天追着爸爸问磁场的问题。他思考得越多,问题也就越多。

渐渐地,爸爸发现连他都无法应对宝贝儿子的问题了。爸爸回答不了,小爱因斯坦就决定自己去解开罗盘的秘密。

一天,工程师雅科布叔叔来到了爱因斯坦的家里。爱因斯坦看到叔叔,扬起小小的脸蛋,眼睛里充满着对知识无限的渴望:“叔叔,您来了真好,我正想找您给我说说磁场的事情呢!”

雅科布叔叔被小侄子的问题吓了一跳。这个还没有上过学的孩子,居然想跟他聊磁场的话题。

爱因斯坦小心翼翼地从怀里取出那只罗盘,然后郑重其事地问道:“磁场看不见也摸不着,那么它是怎样让罗盘的指针指向北方的呢?”

雅科布叔叔感到非常不好意思。他虽然上过大学,但是对磁场问题,真的没有好好思考过。他要怎么给这个孩子解释呢?

“我观察了很久也没有观察出什么门道来。”爱因斯坦看叔叔没有回答,又忙不迭地追问道。

“磁场确实是存在的,罗盘里的指针始终指向北方就是一个证明。在我们这个大千世界里,有很多东西是看不见、摸不着的,但的确存在。还有引力场,我们也叫它重力场,它也和磁场一样看不见,却是存在的。我们把一件东西扔到空中,它又落回到地面上，这就是因为重力场的作用。”

“原来是这样啊，也就是说，我扔出去的纸飞机最终还是回到地面上，那是重力场在起作用。”爱因斯坦小声地自言自语着，嘴角洋溢着笑容，他似乎有些明白了。

“世界上所有自然现象的背后都有一个原因，因为它们都遵循着一定的规律。这个世界就是由这些看不见的规律统治着的。虽然看不到，但我们能够发现它，认识它。”

“哦，我知道了，它们和上帝一样吗？”

雅科布叔叔笑着说：“有点像。不过，它们是两码事。”

爱因斯坦紧紧地捧着手中的罗盘，他小小的内心怀揣着大大的梦想。他期盼着自己能够早点长大，那样就可以早点搞清楚这些现象背后的真正原因了。

『相对论的世界』

有一次，爱因斯坦坐着马车去旅行。欣赏窗外美妙的风景时，他发现了一个奇妙的现象：马车飞速地奔跑着，对坐在马车里的自己来说，马车是静止不动的；对大地来说，马车却在不断地运动着。这是怎么一回事？

旅行归来后，爱因斯坦就一直在思考这个问题。以后每次坐车，他都会用心观察，结果每次得到的结论都是一样的。这时候，爱因斯坦的脑子里闪现出一个想法：原来，我们所经历、所看见的静止和运动都是相对的啊！

在此之前，人们普遍接受的是牛顿的观点：绝对空间、绝对时间和绝对运动。现在，爱因斯坦却感觉到运动和静止是相对的，真的是这样吗？

爱因斯坦开始了一连串的数学计算和推导，得出了一系列让人瞠目结舌的结论：不同的运动系统有着不同的时间标准。如果火车上和站台上各放置一个计时准确、完全一样的时钟，当火车匀速驶过站台时，这两个时钟所指示的时间会有所不同，站台上的人会看到火车上的时钟比站台上的时钟走得慢。这一切看似荒诞不经，都是真实存在的。只是火车的速度无论有多快，也只属于低速行驶，这一现象并不明显，所以不容易被察觉。但这足以说明，做相对运动的不同系统是不存在绝对的同时性的。

爱因斯坦推导出这么一个结论：运动的时钟总是比原地不动的时钟走得慢。他进而推测，对以不同速度运动的物体来说，时间流逝的速度是不一样的。神话故事里面常常说：

"天上一日,人间千年。"听起来不可思议,但如果真的能够做到以接近光的速度去外层空间旅行的话,这一切的确是真实的。

爱因斯坦还做了这样的推测:假设自己有个孪生哥哥,如果哥哥以光速到外层空间去旅行,一年后哥哥返回地球,哥哥没有太大的变化,自己却变成老人了。

爱因斯坦对此研究得越来越深入,新的发现也层出不穷。1905年,爱因斯坦提出了相对论:时间、空间和运动,它们是相互依赖、相互关联的。他还推导出了著名的质能公式:$E=mc^2$(E是能量,m是质量,c是真空中的光速)。举世闻名的相对论就这样诞生了!

爱因斯坦并没有停下探索的脚步,又开始分秒必争地研究广义相对论。1914年,他在普鲁士科学院新院士就职演说中,对自己正在研究的广义相对论做了简要介绍:"狭义相对论偏重于匀速运动,但世界上并不存在绝对意义上的匀速运动。相对论应该扩展到非匀速运动中去。这就是我一直在研究的广义相对论。"

狭义相对论提出的11年后,爱因斯坦正式提出了广义相对论的概念。在广义相对论成熟起来的10年中,很多人对这个理论提出了怀疑。在此之前,人们始终认为光永远是直线传播的。爱因斯坦却大胆地指出，光在掠过质量巨大如太阳这样的星体时会发生弯曲。“大家别着急，我们有办法证明它。”当时预测，1914年8月21日将有日食发生。天文学家打算通过观测日食来验证广义相对论。爱因斯坦关于光会弯曲的预言也许即将被验证。就在这时，第一次世界大战爆发了，观测未能进行。

战争期间，爱因斯坦对广义相对论的研究一度受到影响。大家都以为爱因斯坦不会再研究广义相对论了，但他并没有放弃。

爱因斯坦沉浸在广义相对论的研究世界里。每天早上由妻子给他送饭，直到傍晚他才下楼散步片刻，紧接着又回到书房里继续工作。有一次，他在书房里连续工作了两个星期，才从书房里出来。他满心欢喜地把两张纸递给妻子，大声说道：“对，就是这个了！”虽然，爱因斯坦此时脸色苍白，但他的眼眸闪烁着无穷无尽的希望。“可是你还没有吃饭呢，快点吃饭。”妻子看了一眼那两张写满密密麻麻方程式的白纸，轻轻感慨了一声。

“没关系，我跟你说，这个广义相对论呀，实在是太神奇了……”爱因斯坦开始滔滔不绝地讲述他的新发现。1915年11月18日，爱因斯坦终于得出了广义相对论引力方程的完整方程式。广义相对论出炉了！

这位“心不在焉”的草帽博士，对科学事业乐此不疲，执着于探索现象背后的真理。正是他的孜孜以求，为我们更加准确地认识宇宙指明了方向。

聊聊梦想

我觉得爱因斯坦的梦想是________________________________

为了实现梦想，爱因斯坦做了什么？

____

我的梦想是____

为了实现梦想，我已经做了什么？

____

我还要做什么？

____

小链接：爱因斯坦的成功秘诀

当被记者问起成功的秘诀时，爱因斯坦总是谦虚地说：“我没有什么特殊的天赋，只是拥有无比强烈的好奇心罢了。我可以把成功的秘密告诉你，那就是A=X+Y+Z！A是成功，X是努力工作，Y是懂得休息，Z是少说废话！99分的勤奋+1分天分，就等于成功。”在他的眼中，学习是一个快乐的过程，这是上天给我们的最宝贵的礼物，而不是一项艰苦的任务。

对于学习，爱因斯坦有三个秘方，那就是思考、思考、再思考。对生活中的现象，他会细心观察，然后进行知识点的链接，进行深入的思考和联想，最后验证猜想，得出新的理论。

12岁时，他得到了一本欧几里得讲平面几何的书。书中说，三角形的三条高相交于一点。爱因斯坦于是开始思考，为什么是相交于一点，而不是两点呢？经过反复求证，他发现三角形的高果真是相交于一点。之后，他又自学了解析几何和微积分。

“知识不是力量，探求知识的好奇心才是力量。”正是这样强烈的好奇心成为爱因斯坦主动学习的引擎。他从来不把学习当作任务，而是看作自己最快乐最愿意做的事情。

参考文献

1. 金开诚.李时珍与《本草纲目》[M].吉林:吉林文史出版社,2011.1

2. 王莲凤.李时珍[M].北京:中国社会出版社,2012.9

3. 张慧剑.李时珍:祖国丛书[M].上海:上海人民出版社,1984.10

4. 中共杭州市余杭区委宣传部.沈括[M].杭州:西泠印社出版社,2007.12

5. 祖慧.沈括评传[M].南京:南京大学出版社,2004.8

6. 杭州大学宋史研究室.沈括研究[M].杭州:浙江人民出版社,1985.3

7. 胡道静.沈括研究:科技史论[M].上海:上海人民出版社,2011.12

8. 涂元季,莹莹.钱学森故事[M].北京:解放军出版社,2010.11

9. 胡士弘.钱学森[M].北京:中国青年出版社,1997.11

10. 姜玉平.钱学森与技术科学[M].上海:上海人民出版社,2015.1

11. 王曦,王文华.人文钱学森[M].北京:新华出版社,2015.7

12. 童苏平,刑娓娓.钱学森传[M].郑州:河南文艺出版社,2017.11

13. 江来,肖芬.钱学森[M].北京:中国少年儿童出版社,2005.5

14. 陈启文.追逐太阳的人:杂交水稻之父袁隆平[M].郑州:河南文

艺出版社,2017.9

15.陈启文.袁隆平的世界[M].合肥:安徽文艺出版社,2019.9

16.吴雪琴,来娴.袁隆平传[M].南京:江苏人民出版社,2011.8

17.袁隆平.杂交水稻学[M].北京:中国农业出版社,2020.1

18.屠呦呦传编写组.屠呦呦传[M].香港:三联书店(香港)有限公司,2016.2

19.项星.你的名字叫青蒿:屠呦呦的故事[M].武汉:武汉大学出版社,2016.2

20.饶毅,张大庆,黎润红.呦呦有蒿:屠呦呦与青蒿素[M].北京:中国科学技术出版社,2015.10

21.李建树.院士之路:童第周传[M].宁波:宁波出版社,2003.2

22.童第周.童第周:追求生命真相[M].北京:解放军出版社,2002.11

23.俞为洁.童第周[M].北京:群言出版社,2014.1

24.全国政协文史和学习委员会.回忆茅以升[M].北京:中国文史出版社,2016.3

25.卢曙火.茅以升和钱塘江大桥[M].杭州:杭州出版社,2013.7

26.赵泰靖.茅以升传[M].郑州:河南文艺出版社,2017.11

27.项星.近代桥梁之父:茅以升[M].武汉:武汉大学出版社,2013.7

28.茅以升.桥的信仰[M].北京:中国文史出版社,2017.1

29. 孙乔，等 . 阿基米德、法拉第［M］. 北京：新时代出版社，2003.1

30. 赵学元 . 阿基米德的故事［M］. 石家庄：河北人民出版社，1983.3

31. 郑延慧 . 中外著名科学家的故事：阿基米德［M］. 张晓红，绘 . 成都：四川少年儿童出版社，2009.5

32. 斯特拉瑟恩 . 阿基米德与支点［M］. 马玉凤，李永清，贺大鹏，译 . 沈阳：辽宁教育出版社，2000.7

33. 布莱希特 . 伽利略传［M］. 丁扬忠，译 . 上海：上海译文出版社，2012.1

34. 许杰 . 伽利略［M］. 北京：中国社会出版社，2012.9

35. 江来，肖芬 . 世界大人物丛书：伽利略［M］. 北京：中国少年儿童出版社，2003.1

36. 茨威格 . 麦哲伦的功绩［M］. 范信龙，井勤荪，臧乐安，译 . 长沙：湖南人民出版社，1982.5

37. 黄道立 . 外国历史小丛书：麦哲伦［M］. 北京：商务印书馆，1980.4

38. 克雷默 . 谁是麦哲伦［M］. 李海颖，译 . 沃尔夫，绘 . 北京：北京联合出版公司，2016.11

39. 管成学，赵骥民 . 环球航线第一人：麦哲伦的故事［M］. 长春：吉林科学技术出版社，2012.10

40. 申先甲 . 中外著名科学家的故事：牛顿［M］. 刘学轮，绘 . 成都：四川少年儿童出版社，2009.5

41. 杨政和 . 世界伟人传记·牛顿[M]. 西安:陕西人民出版社,2014.2

42. 田战省 . 科学家的故事·你知道的你不知道的[M]. 西安:陕西科学技术出版社,2005.3

43. 徐飞 . 科学大师启蒙文库:牛顿[M]. 上海:上海交通大学出版社,2007.1

44. 张芳 . 女科学家居里夫人[M]. 长春:东北师范大学出版社,2019.8

45. 张芳 . 物理学巨匠爱因斯坦[M]. 长春:东北师范大学出版社,2019.8

46. 张芳 . 发明大王爱迪生[M]. 长春:东北师范大学出版社,2019.8

47. 叶永烈 . 叶永烈讲述科学家故事 100 个[M]. 武汉:长江少年儿童出版社,2017.3

书中部分资料来源于《人民日报》、中华人民共和国科学技术部网站等。

责任编辑：裘禾峰
装帧设计：巢倩慧
责任校对：王君美
责任印制：汪立峰

图书在版编目（CIP）数据

课堂名人故事. 科学家 / 毛晓青主编 ; 童涵冰，张琼著. -- 杭州 : 浙江摄影出版社，2022.3
ISBN 978-7-5514-3792-9

Ⅰ. ①课… Ⅱ. ①毛… ②童… ③张… Ⅲ. ①阅读课—小学—教学参考资料 Ⅳ. ①G624.233

中国版本图书馆CIP数据核字(2022)第013147号

课堂名人故事(科学家)
毛晓青　主编　童涵冰　张　琼　著

全国百佳图书出版单位
浙江摄影出版社出版发行
地址：杭州市体育场路347号
邮编：310006
电话：0571-85151082
制版：浙江新华图文制作有限公司
印刷：杭州捷派印务有限公司
开本：880mm×1230mm　1/32
印张：7.5
2022年3月第1版　2022年3月第1次印刷
ISBN 978-7-5514-3792-9
定价：28.00元